« Je reviendrai et nous serons des millions. »

TÚPAC KATARI

Éditions RAISONS D'AGIR
27, rue Jacob, 75006 Paris

www.raisonsdagir-editions.org
editions@raisonsdagir-editions.org

HERVÉ DO ALTO
PABLO STEFANONI

Nous serons des millions

Evo Morales et la gauche au pouvoir en Bolivie

RAISONS D'AGIR ÉDITIONS

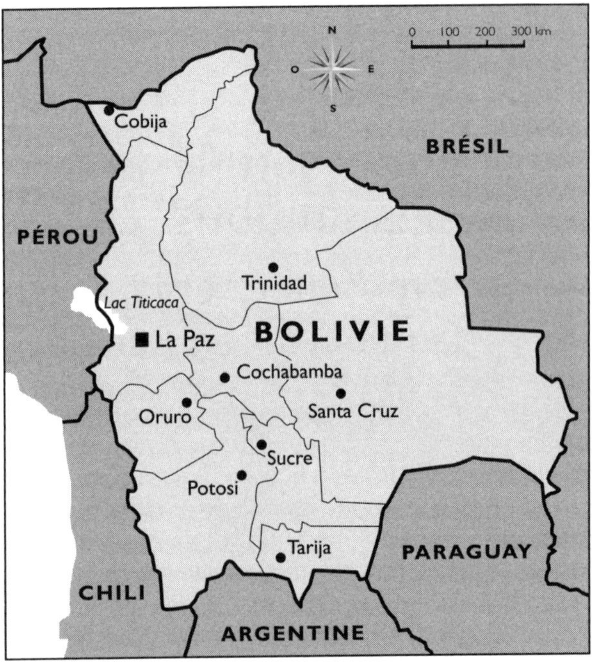
N
O
E
S
0
100
200
300 km
BRÉSIL
Cobija
PÉROU
Trinidad
Lac Titicaca
BOLIVIE
La Paz
Cochabamba
Santa Cruz
Oruro
Sucre
Potosi
Tarija
PARAGUAY
CHILI
ARGENTINE

AVANT-PROPOS DE L'ÉDITEUR

La recomposition de la gauche à la lumière du cas bolivien

Le fait que la plupart des gouvernements d'Amérique latine soient passés à gauche au cours des années 2000 n'a cessé d'intriguer, voire d'inquiéter, la plupart des observateurs politiques, toujours prompts à dénoncer le « populisme » de ces nouveaux dirigeants, pourtant démocratiquement élus, dès lors qu'ils mettent en œuvre des politiques sociales dérogeant aux bonnes règles économiques du marché mondial. La caractéristique la plus marquante de ces régimes de gauche n'est pourtant peut-être pas tant le prétendu refus de la « globalisation » – le Venezuela d'Hugo Chávez comme la Bolivie d'Evo Morales font preuve d'un véritable pragmatisme gestionnaire en matière de relations commerciales et de politique énergétique – que dans les fondements de la recomposition politique qui les a portés au pouvoir. En Bolivie, une alliance improbable entre nationalisme révolutionnaire, discours antilibéral et thématique indigéniste a ainsi permis de privilégier la réhabilitation de la diversité ethnique du pays plutôt que la prise en compte des inégalités entre classes sociales. L'heure est désormais à la reconnaissance du caractère plurinational de l'État et de la société, sans pour autant tomber dans la célébration du « multiculturalisme » et du « métissage » promus lors de la décennie précédente par des régimes néolibéraux en quête de légitimité populaire.

La gauche bolivienne incarnée par le *Movimiento al Socialismo* (MAS) d'Evo Morales, élu président de la République de Bolivie en décembre 2005, n'a pas seulement bénéficié des protestations sociales qui ont agité le pays depuis la fin des années 1990: elle a aussi repris à son compte les revendications des populations dites «originaires», en redonnant un rôle central à la figure de «l'Indien» luttant pour la réhabilitation d'une identité opprimée par cinq cents ans de domination coloniale. L'essayiste américain Walter Benn Michaels saisit parfaitement les malentendus susceptibles d'accompagner cette recomposition identitaire lorsqu'il écrit: *«Être socialiste, c'est avoir une certaine idéologie. Les socialistes croient en la même chose qu'Evo Morales en matière de nationalisation du service de distribution des eaux, qui avait été privatisé sous la pression des institutions internationales. Être un Indien Aymara, c'est avoir non pas une idéologie mais une identité. Quand Evo Morales veut "nationaliser l'industrie", il parle comme un socialiste; quand il aspire à accomplir "les rêves de nos ancêtres", il parle comme un Indien. Les ancêtres d'un grand nombre de partisans du MAS (les non-indigènes "de la classe moyenne, des classes laborieuses, des travailleurs salariés et même des entrepreneurs)" qu'il a salués dans son discours d'investiture, avaient sans nul doute exactement les rêves contraires*[1]. » Ainsi, socialistes et indigènes, qui luttent contre la privatisation du service de l'eau, peuvent le faire pour des raisons bien différentes: les premiers veulent réduire l'emprise du secteur privé sur les biens collectifs; les seconds, revenir à un système ancestral de distribution de la ressource. Il n'est donc pas évident que les luttes menées pour la remunicipalisation du service de l'eau aboutissent au même résultat dans un cas et dans l'autre : défendre la reconnaissance de son identité culturelle ne revient pas forcément à définir un nouveau modèle économique susceptible de contrecarrer la prééminence accordée au secteur privé.

Dans un pays comptant plus de 60 % d'indigènes, la recomposition de la gauche autour de la thématique identitaire a finalement débouché sur un succès électoral exceptionnel. Mais, depuis lors, l'expérience indigène de gouvernement rencontre des limites liées à l'exercice même du pouvoir, ce qui incite à regarder d'un autre œil les tendances de la gauche française, voire européenne, à se replier sur des identités ethniques, sexuelles, ou régionales. *Omnis determinatio negatio est*: « toute définition est négation », remarquait Spinoza. Le problème de la prééminence de la thématique identitaire au sein d'une politique de transformation sociale est qu'elle laisse inévitablement de côté ceux qui ne correspondent pas aux nouvelles normes de gouvernement, quelle que soit la légitimité de la cause soutenue. On peut ainsi tout à la fois approuver la réhabilitation historique des populations originaires et trouver que la politique du gouvernement Morales néglige un peu trop les secteurs urbains et métis, dont le soutien a pourtant été essentiel à son élection en 2005. Que sa rhétorique en appelle essentiellement au syndicalisme *indígeno-campesino* (« indigène et paysan ») dans la définition de ses orientations majeures tient assurément à la nécessité de s'assurer des soutiens indéfectibles, dans une période troublée par l'ampleur des changements politiques et sociaux entrepris (et donc des oppositions rencontrées) en deux années de mandat : nationalisations, réforme agraire, nouvelle Constitution visant à instaurer un État « plurinational », etc. Cette référence n'en explique pas moins la perte progressive de confiance en la validité du processus en cours, perceptible dans la fraction de l'électorat qui ne s'identifie pas à un quelconque groupe ethnique et culturel. De même, les habitants de la partie orientale du pays peinent parfois à se reconnaître dans une politique élaborée, soupçonnent-ils, en faveur des seules communautés indiennes pauvres de l'*altiplano*. Ce décrochage survient au moment où les élites de ces régions en pleine expansion économique leur proposent un principe d'identification beaucoup plus accessible: une identité régionale synonyme de dynamisme économique et de modernité.

Il n'est pas dit que la défense des identités soit incompatible avec la lutte contre les inégalités sociales générées par le système de domination capitaliste; mais il faut pour les concilier tout un travail politique de mise en cohérence, ce dont le gouvernement Morales semble tout juste prendre conscience. Le problème n'est pas ici de trouver une redéfinition identitaire plus large ou plus «incluante», mais de remettre en cause l'importance prise par le principe identitaire dans la reconstruction d'une politique de gauche. Assurément, le contexte postcolonial de la Bolivie, où les divisions entre classes se doublent de divisions ethniques qui ne les recoupent pas tout à fait, se trouve parfois bien éloigné du cas français. Mais l'expérience de gouvernement d'Evo Morales permet de repenser deux questions importantes: dans quelle mesure concilier socialisme et revendications identitaires? Cette articulation, qui s'est révélée efficace d'un point de vue électoral, est-elle viable lorsqu'il s'agit d'exercer le pouvoir dans la durée? Deux questions qu'une gauche désireuse de changer le monde en prenant le pouvoir ne peut ignorer.

INTRODUCTION

La Bolivie insurgée

En Europe, lorsque l'on pense à « l'Amérique latine insurgée », on évoque souvent la révolution mexicaine de 1910-1921, la révolution cubaine de 1959, la victoire sandiniste au Nicaragua en 1979 ou encore, plus près de nous, le soulèvement de l'Armée zapatiste de libération nationale (EZLN) conduit par le sous-commandant Marcos au Chiapas en 1994. Aujourd'hui comme hier, la Bolivie demeure souvent la grande oubliée de cet inventaire qui structure l'imaginaire des militants de gauche. Mais, pour qui s'y intéresse, ce pays mal connu campe plutôt l'avant-garde de la sédition dans le sous-continent. Ainsi la Révolution Nationale bolivienne de 1952, quelques années avant l'entrée de Fidel Castro à La Havane, constitue-t-elle une étape historique qui, grâce à la nationalisation des mines et à la réforme agraire, nourrit les débats au sein de la gauche internationale: le pays est dès lors identifié comme l'une des brèches dans l'emprise des États-Unis et de la « doctrine Monroe »* sur cette région.

---

* Les grandes lignes de la diplomatie américaine énoncées en 1823 par le président républicain James Monroe prendront plus tard le nom de « doctrine Monroe ». Elles visent initialement la présence des colonisateurs espagnols en Amérique latine. Partant du principe que les peuples américains doivent résoudre leurs problèmes entre eux, la doctrine Monroe justifiera l'interventionnisme croissant des États-Unis en Amérique latine au cours de ces deux derniers siècles.

Au cours des années 1990, la conflictualité sociale qui rythmait la vie politique bolivienne depuis le début du siècle semble s'être diluée dans un néolibéralisme triomphant à l'échelle de l'Amérique latine. Débute alors un cycle de protestations indigènes et populaires, en un mouvement où se rejoignent les organisations sociales rurales et les syndicats du monde urbain : luttes menées par les cultivateurs de coca du Chapare et les indigènes des plaines orientales, mobilisations contre la privatisation des ressources naturelles, telle la « guerre de l'eau » à Cochabamba en avril 2000, ou encore les *bloqueos* [blocages de routes] initiés par des paysans aymaras dans l'*altiplano* andin en 2000 et 2001. La convocation d'une Assemblée constituante destinée à refonder la Bolivie dans le sens d'une intégration des populations dites « originaires » émerge comme une revendication centrale.

En septembre-octobre 2003, la « guerre du gaz », née d'une mobilisation contre l'exportation des hydrocarbures vers le Chili et les États-Unis, confère à la Bolivie une funeste notoriété internationale en raison des massacres perpétrés par l'armée (69 morts) dans la ville d'El Alto. Le projet néolibéral échoue alors dans l'un de ses principaux objectifs : faire de la politique institutionnelle la seule politique légitime, et marginaliser du même coup la « politique de la rue ». Après quinze ans de calme, la vie civile se trouve à nouveau rythmée par des protestations populaires porteuses d'un projet de refondation sociale. Le nationalisme qui émerge alors n'est plus constitué autour des intellectuels issus des « classes moyennes urbaines », comme lors de la révolution de 1952, mais autour des secteurs paysan et indigène. À partir de structures syndicales territorialisées, ces derniers ont graduellement étendu leur influence à l'ensemble du pays, dans le cadre d'une lutte contre les élites traditionnelles.

C'est au cours de ce cycle ascendant de luttes que se développe le Mouvement vers le Socialisme-Instrument politique pour la souveraineté des peuples (MAS-IPSP◆, plus couramment dénommé MAS), dirigé par Evo Morales Ayma, le leader syndical des *cocaleros* (cultivateurs de coca). Un parti qui parvient progressivement à conquérir le pouvoir d'État à partir d'une stratégie fondée sur la puissance des mouvements sociaux et l'idée de leur autoreprésentation au sein de la politique institutionnelle. D'abord, en 1995, par la conquête de quelques mairies dans la région *cocalera* du Chapare, puis par l'obtention en 1997 de quatre sièges de députés au sein du Congrès national. L'« instrument politique » des syndicats paysans se transforme en force politique majeure lorsqu'Evo Morales arrive en deuxième position lors de l'élection présidentielle de juin 2002, tout juste après avoir été exclu du Parlement[2]. En décembre 2005, il est élu président de la République de Bolivie sur un programme de double rupture : avec l'héritage colonial et l'exclusion des majorités indigènes nationales, d'une part, mais aussi avec le néolibéralisme, responsable de la privatisation des entreprises publiques et de la perte de la souveraineté de l'État sur les ressources naturelles, parmi lesquelles l'eau, le gaz et le pétrole. Mais, plus que tout, dans un pays où les fractures ethniques redoublent les divisions de classes, c'est en faisant émerger les intérêts communs de populations d'ordinaire désarmées par leurs propres divisions que la gauche conquiert le pouvoir.

◆ La liste des sigles utilisés dans cet ouvrage se trouve page 115.

L'ETHNICITÉ DANS LA VIE POLITIQUE BOLIVIENNE

Selon le recensement réalisé en 2001, 62 % des Boliviens se déclarent « indigènes ». Les Quechuas (30 %) et les Aymaras (25 %) sont les deux groupes ethniques les plus importants. Viennent ensuite les Chiquitanos (2,2 %) et les Guaranís (1,5 %), puis une constellation de 32 « groupes ethniques » pesant chacun moins de 1 % de la population totale. Si les « indigènes » atteignent 77,7 % dans le monde rural, leur taux s'établit à 53,4 % dans les centres urbains. À El Alto, la ville populaire qui surplombe La Paz, 80 % des habitants se déclarent aymaras.

Dès sa publication, le document suscite une pluie de critiques. La plus importante porte sur la question posée aux enquêtés pour déterminer leur « appartenance ethnique ». Le questionnaire propose une auto-identification aux différents groupes ethniques, la grande majorité d'entre eux étant regroupés sous l'étiquette « autre peuple autochtone » en raison de leur faiblesse démographique. Il écarte en revanche des catégories habituellement employées en Bolivie pour se référer à ses origines, et n'offre à ceux qui ne se reconnaissent pas dans les groupes cités qu'un insatisfaisant « aucun groupe indigène », synonyme d'absence d'identité. Ainsi disparaissent des catégories d'usage courant telles que « créole » (filiation espagnole) ou « afro-bolivien » (les populations noires venues d'Afrique lors des premiers siècles de la colonisation espagnole). Plus polémique encore est la mise à l'écart du mot « métis » (sangs indigène et blanc mêlés), systématiquement utilisé dans les recensements depuis celui de 1900, et qui reste couramment employé au sein de la population.

La méthode de recensement est soupçonnée de gonfler artificiellement le nombre d'indigènes. En 2006, un rapport sur l'état de la démocratie en Bolivie[3] affirme que, en proposant la catégorie « métis », la même enquête

par auto-identification aurait obtenu les résultats suivants : 65 % de métis, 19,3 % d'indigènes. Pour d'autres[4], la transformation des indicateurs ethniques et démographiques constitue une preuve du caractère « instrumentalisant » de la reconnaissance des identités indigènes : son essor dans les années 1970 et 1980 correspond à la prise en compte des « populations en danger d'extinction » par les institutions internationales qui financent les programmes des ONG[5]. Enfin, un regard plus politique considère que ces chiffres expriment la concrétisation du projet des premières années de la révolution nationale : fonder une identité bolivienne au-dessus de tout clivage ethnique ou de classes dans la mesure où les chiffres illustreraient *« le processus de mélange racial, culturel et social*[6] » enclenché en Bolivie depuis plus d'un demi-siècle*.
Il est donc difficile de savoir si la Bolivie est majoritairement indigène. Les polémiques soulevées par le recensement soulignent surtout la grande flexibilité des identités sociales dans ce pays. Les intellectuels qui critiquèrent les chiffres de 2001 redoutaient « l'ethnicisation » de la Bolivie et, à terme, sa balkanisation dans une citoyenneté à plusieurs vitesses (indigène ou non). Ces appréhensions, souvent fondées, négligent cependant l'importance de la soudaine réactivation des identités indigènes. Si des partis indigénistes ont pu acquérir une dimension nationale et trouver des relais militants dans les centres urbains, c'est aussi parce que leur discours traduit un sentiment

* L'anthropologue bolivien Xavier Albó a défendu la méthode de ce recensement en distinguant deux types d'auto-identification : l'une, « raciale », fondée biologiquement, qui inclurait les catégories « Blanc », « métis », « indigène » ; l'autre, « ethnique », qui comporterait une dimension historique et culturelle renvoyant aux peuples dits « originaires » (aymara, quechua, guaraní, etc.). Il n'y aurait donc pas de contradiction à ce que plus de 60 % des Boliviens s'auto-identifient comme métis tandis qu'un pourcentage équivalent se considèrent, dans ce recensement, comme appartenant à un peuple « originaire », *La Razón*, La Paz, 10 juillet 2007.

d'exclusion. Pour Álvaro García Linera, la Bolivie est en effet un exemple de pays « postcolonial » où agit, aux côtés de capitaux économiques et culturels, une autre forme de capital, « ethnique », que l'on peut définir par le fait d'attribuer *a priori* à un individu des compétences en fonction de sa couleur de peau[7]. À cet égard, l'évolution des chiffres relatifs à la population « blanche » et « indigène » en Bolivie entre 2000 et 2006 illustre paradoxalement le rôle des catégories ethniques dans les stratégies de positionnement social. En effet, dans l'enquête citée précédemment, le pourcentage de « Blancs » chute radicalement de 26 à 11 %, tandis que celui des indigènes passe de 10 à 19 %. C'est la première fois depuis que cette enquête-type est conduite en Bolivie que le pourcentage d'indigènes est supérieur à celui des « Blancs »[8]. Ainsi peut-on observer à travers ces données une double tendance : les plus pauvres revendiquent une identité indigène pour valoriser une situation de dominé, et les plus riches nient une identité blanche associée aux partis traditionnels et aux oligarchies économiques. Pour cette raison, la catégorie « métis » n'est pas neutre politiquement : étiquette fourre-tout par excellence, elle tend à homogénéiser la société bolivienne en mettant sur un pied d'égalité des situations personnelles de « rapport à l'indianité » très disparates. On peut en effet considérer que, en choisissant la catégorie des métis, les plus dominés nient leur situation sociale en affirmant un rattachement ethnique à des populations économiquement et/ou culturellement mieux dotées, alors que les dominants y voient une possibilité de minimiser leur position sociale élevée. Ainsi, le *« nous sommes tous métis »* et les accusations de *« racisme à l'envers »* formulées contre Morales par la droite arment la fronde contre le projet d'« État plurinational » porté par le MAS.

1

Le retour de la gauche au pouvoir

L'ÉLECTION D'EVO MORALES

La nuit tombe à peine sur la ville de La Paz, en ce dimanche 18 décembre 2005, lorsque s'affichent les premiers résultats du vote : le candidat de la gauche, Evo Morales, obtient 45 % des suffrages, contre 33 % pour l'ex-président conservateur Jorge « Tuto » Quiroga, représentant la coalition de droite Pouvoir démocratique et social (Podemos◆)*. Dans le QG de campagne du Mouvement vers le Socialisme (MAS), les cris de joie ne parviennent cependant pas à dissimuler des sentiments mêlés de surprise et d'une profonde perplexité : même les militants les plus optimistes n'avaient pas imaginé un tel scénario. Et pourtant, beaucoup redoutent encore les obscures tractations nécessaires pour enlever la présidence : en Bolivie, si aucun des candidats n'obtient 50 % des suffrages plus une voix, le Parlement élit le chef de l'État au cours d'un scrutin qui oppose les deux candidats ayant obtenu les meilleurs résultats. Quelques minutes plus tard, Evo Morales est crédité de 51,1 % des voix. Les jours suivants,

* Pouvoir démocratique et social (Podemos◆) s'est constitué en coalition électorale peu de temps avant le début de la campagne officielle, autour de la figure de Quiroga. Lequel avait auparavant renoncé à son mandat de dirigeant du parti Action démocratique nationaliste (ADN◆), une formation fondée par le général Hugo Banzer Suárez au terme de sa propre dictature, en 1978.

la Cour nationale électorale (CNE) lui octroie une victoire plus large encore (53,7 %), avec une avance définitive de 25 points sur le candidat de droite. Un dirigeant paysan *cocalero* et un ex-guérillero, Evo Morales et Álvaro García Linera, deviennent respectivement le président et le vice-président de la Bolivie.

Ces résultats sont sans précédent : depuis le retour à la démocratie, en 1982, Evo Morales est le premier président à occuper le palais présidentiel par la seule force du vote populaire, sans avoir à recourir, comme par le passé, à des pactes politiques dans l'enceinte du Parlement. Cependant, malgré l'ampleur de la victoire, aucune acclamation ne retentit dans les rues. Les vainqueurs comme les vaincus paraissent sonnés par la surprise. « *La Bolivie s'est soulevée, il s'agit d'une révolution démocratique, qui a envoyé un signal on ne peut plus clair à toute l'Amérique latine et au monde entier : ici, nous parions sur un changement dans ce pays, un changement que l'on conduira de manière structurelle, sans demi-mesures, en obéissant au mandat du peuple* », déclare le vice-président à peine élu.

La gauche qui occupe le palais présidentiel à partir de janvier 2006 ne ressemble guère à la gauche marxiste d'antan, centrée sur le parti, majoritairement blanche et métisse. Cette « nouvelle » gauche s'assimile plus volontiers à un archipel de mouvements sociaux et syndicaux dont le rythme, la culture politique et les objectifs sont rarement concordants, voire difficiles à articuler. Mais ses composantes s'amarrent à un socle commun : un nationalisme révolutionnaire réactualisé*, intégrant une dimension

* Le nationalisme révolutionnaire constitua l'idéologie officielle de la Révolution Nationale du 9 avril 1952, qui permit la nationalisation des grandes mines, décréta la réforme agraire et approuva le vote universel. Voir encadré p. 22-24.

ethnique et culturelle traditionnellement absente du bagage de la gauche classique. Le vote en faveur du MAS comporte aussi une dimension corporatiste et communautaire, qu'illustre bien cette anecdote : en décembre 2005, lors d'une assemblée générale du parti à Quillacollo, dans la banlieue de Cochabamba, un bilan de la campagne électorale est présenté. Un dirigeant signale : *« Dans notre communauté, il y a eu un vote pour "Tuto" Quiroga. Nous allons chercher qui a voté pour lui car on ne peut pas tolérer de trahisons de la part de nos propres frères. »*

À l'issue de ce processus d'« indianisation » de la gauche, les représentants des populations originaires ont pris la tête des organisations partisanes. Ces nouveaux dirigeants ont émergé en occupant des mandats successifs au sein du syndicalisme paysan, puis en intégrant l'instrument politique, lequel ouvrait éventuellement la voie à une candidature au Parlement. Le MAS incarne finalement une gauche *sui generis*, dont la base doctrinaire est relativement réduite. En son sein s'articulent, de manière plus ou moins cohérente, des éléments du discours nationaliste révolutionnaire des années 1950 (nationalisme et anti-impérialisme fusionnant dans la revendication de nationalisation de l'économie) et du katarisme* des années 1970 (fondé sur une dénonciation du « colonialisme interne » qui aurait dominé les relations sociales au sein de la Bolivie depuis son indépendance, en 1825).

* Le katarisme (en référence au leader indigène Túpac Katari, qui dirigea un soulèvement autour de La Paz à la fin du XVIIIe siècle) est un courant né dans les années 1970 qui contribua à rénover un syndicalisme paysan jusqu'alors allié aux régimes militaires en œuvrant à la réhabilitation de l'identité indienne. Il a théorisé la double oppression du paysan, par sa condition économique et par sa condition d'indigène victime de discriminations au sein d'un État jugé colonial. Voir encadré p. 55-57.

UN GOUVERNEMENT « UNISSANT LE PONCHO ET LA CRAVATE »

21 janvier 2006 : Tiwanaku, centre archéologique de l'un des empires les plus anciens du continent, fut le lieu choisi pour mettre en scène le début de la nouvelle ère d'une histoire bolivienne jusqu'alors marquée par le mépris et la discrimination à l'encontre des peuples indigènes. D'après le recensement de 2001, 62 % des Boliviens s'identifient comme membres de l'un des nombreux groupes ethniques dits « originaires » que comprend le pays. À Tiwanaku, des milliers de *mallkus** (chefs communautaires aymaras) forment un horizon de ponchos rouges et d'amples chapeaux noirs surmontant des *lluchus* (bonnets de laine andins) colorés. Ils sont venus pour accueillir « leur » président, Evo Morales, afin de l'accompagner dans ce rite symbolique d'investiture, la veille de la cérémonie qui doit avoir lieu au Congrès, la seule reconnue par la Constitution politique d'État bolivienne. Les *chicotes* (fouets des chefs communautaires) rendent palpable l'autorité de la garde indienne. La majorité des chefs andins proviennent d'Achacachi, le village où, lors des *bloqueos* aymaras d'avril 2000, un capitaine de l'armée a été tiré par la force de l'hôpital où il était soigné, puis assassiné en réponse à la répression militaire qui avait coûté la vie à de nombreux indigènes. Après les massacres de septembre et octobre 2003, les habitants d'Achacachi ont expulsé les policiers du village et les ont remplacés par des « policiers syndicaux ».

« Nous sommes revenus par millions, je n'avais rien vu de tel de toute ma vie », dit le *mallku* Luis Chávez, faisant

---

* Le terme *mallku* (« condor » en aymara) désigne les autorités communautaires.

ainsi référence à la phrase attribuée au *caudillo* aymara Túpac Katari*: *«Je reviendrai et nous serons des millions.»* Le leader *cocalero* reçoit le bâton de commandement indigène lui attribuant le rang de chef de l'ensemble des peuples andins. *«À Tiwanaku débute une nouvelle ère pour les peuples du monde. Ce n'est qu'avec la force du peuple que nous en finirons avec l'État colonial et le néolibéralisme, et que nous pourrons gagner notre bras de fer avec l'empire»*, déclare Evo Morales, auquel l'imposante géométrie du site confère l'image d'un prince couronné. *«Je demande à mes frères indigènes qu'ils me contrôlent et, si je n'avance pas suffisamment, qu'ils me poussent! Nous assistons au triomphe d'une révolution démocratique et culturelle... Nous passons de la résistance à la prise du pouvoir. Nous démontrons qu'il est possible de battre démocratiquement ceux qui défendent des intérêts contraires à ceux du peuple bolivien. Nous voulons avancer vers la libération de la Bolivie et de toute l'Amérique latine. Nous allons poursuivre les luttes de Túpac Katari, et les tâches que le Che n'a pu mener à bien, nous les achèverons nous-mêmes**.»* Le nouveau président bolivien est indéniablement à la tête d'une expérience originale d'articulation du politique et du social: il ne s'agit pas ici de *«changer le monde sans*

* Túpac Katari mena à la fin du XVIIIe siècle un soulèvement indigène qui se conclut par le siège de la ville de La Paz. Capturé au terme d'une féroce répression, il fut écartelé en public, et devint un symbole des mouvements indianistes contemporains, en particulier au sein du mouvement syndical paysan qui lutta contre les dictatures militaires des années 1960-1980 et qui, en guise d'hommage, prit le nom de mouvement katariste.

** Le légendaire guérillero argentin Ernesto Che Guevara, leader de la révolution cubaine de 1959, mourut en Bolivie après une tentative de création d'un foyer révolutionnaire dans les campagnes boliviennes qui dura presque un an (novembre 1966-octobre 1967), connue comme la guérilla du Ñancahuazú.

prendre le pouvoir» – comme le prônent l'idéologue John Holloway[9] ou les zapatistes – mais de *«changer le monde à partir du pouvoir d'État»*.

Le dimanche 22 janvier, l'attention se déplace vers le Parlement, où Evo Morales est officiellement déclaré président de la République bolivienne. Vêtu d'une sobre veste en alpaga ornée de deux bandes d'*aguayo* (tissu andin), sans cravate, sur une simple chemise blanche, il ne se conforme guère aux normes vestimentaires du milieu politique. C'est le nouveau vice-président (légalement président du Congrès) Álvaro García Linera qui, en costume noir avec cravate, se charge de représenter ces classes moyennes urbaines. Un *«gouvernement unissant le poncho et la cravate»*: une alliance de classes et d'ethnies exprimant la réconciliation entre les diverses franges de la société bolivienne.

Le poing gauche levé, Morales reçoit l'écharpe présidentielle. Lorsque retentit l'ultime vers de l'hymne bolivien, *Mourir plutôt que vivre en esclaves*, on croit assister à la naissance symbolique d'une seconde république reléguant aux oubliettes celle qui, bien que fondée lorsque la Bolivie acquit son indépendance à l'égard de la couronne espagnole, en 1825, n'accordait pas pour autant aux indigènes le statut de citoyen. *«Il y a encore cinquante ans, nous, les Indiens, nous n'avions pas le droit de traverser la place Murillo* [que bordent le palais présidentiel et le Congrès national]. *On se serait cru en Afrique du Sud»*, déclare le président. Morales évoque ainsi les moments les plus sombres de l'histoire bolivienne, que la révolution de 1952 – lorsque les milices ouvrières et paysannes dirigées par le MNR◆ firent irruption sur la scène politique, armées de vieux fusils Mauser, pour récupérer les terres et nationaliser les mines – parvint tout juste à faire oublier. En ce dimanche 22 janvier, il n'y a ni mineurs ni paysans armés face au palais présidentiel. À l'évidence, pourtant, le triomphe du MAS est également dû à la mobilisation de ces nouvelles générations de mineurs et de paysans qui, au péril de leur vie, réclament depuis la fin des années 1990 un changement politique et économique en Bolivie.

LA RÉVOLUTION NATIONALE DE 1952

Le 8 avril 1952 éclate à La Paz un soulèvement organisé par des militants du Mouvement Nationaliste Révolutionnaire (MNR◆), avec la complicité de certains corps de policiers sympathisants. Au regard des premiers affrontements, l'entreprise semble condamnée à l'échec. Mais l'aventureuse tentative de coup d'État se transforme bientôt en insurrection populaire. Les forces armées sont défaites en à peine trois jours. La ville passe sous le contrôle de milices composées d'ouvriers et de militants nationalistes, organisées dans l'urgence et équipés de fusils subtilisés aux militaires durant les combats. C'est donc avec le soutien de travailleurs en armes que débute le processus connu aujourd'hui sous le nom de Révolution Nationale de 1952. Il clôt la longue crise des régimes oligarchiques qui débuta avec la sanglante défaite de la guerre du Chaco (1932-1935), entre la Bolivie et le Paraguay.

La conscience nationale émerge en effet dans les tranchées arides de la province du Chaco, alors que les forces armées font combattre côte à côte, pour la défense de l'intégrité du territoire, des officiers de la classe moyenne et d'ascendance espagnole, des ouvriers et des paysans (Indiens aymaras et quechuas). L'expérience commune de la déroute sur le champ de bataille conduit à la remise en cause d'un régime oligarchique inepte, incapable de faire face à un ennemi extérieur. On l'accuse d'avoir transformé la Bolivie en une riche enclave minière peuplée de pauvres et dotée de structures économiques archaïques. Au-delà des cadres politiques du régime, les « barons de l'étain » (surnommés la *rosca*, « la clique »), Simón Patiño, Carlos Aramayo et Mauricio Hochschild, se voient reprocher de diriger l'appareil d'État avec pour seul objectif le maintien du pouvoir économique que leur octroie le contrôle des principales mines du pays[10]. C'est de cette vague anti-oligarchique que naît le « socialisme militaire », période marquée par une succession de régimes militaires aux orientations progressistes. David Toro procède ainsi en 1937 à la première nationalisation du pétrole en Amérique latine, avant que le gouvernement de Germán Busch n'approuve le Code du travail. La tradition du socialisme militaire est perpétuée en 1943 par Gualberto Villarroel, qui accède à la présidence grâce à une alliance entre les militaires nationalistes de la loge secrète Razón de Patria (Raison patriotique) et les civils du MNR, avant d'être assassiné à l'issue de trois années d'exercice du pouvoir. Sous l'influence d'une gauche minière et paysanne en pleine radicalisation politique, le régime révolutionnaire de 1952 met en œuvre trois mesures qui bouleversent les structures de la société : nationalisation des grandes mines, réforme agraire et instauration du suffrage universel. Jusqu'alors, seuls les citoyens sachant lire et écrire et disposant d'une indépendance économique avaient accès au droit de vote. L'idéologie promue par le gouvernement de Víctor Paz Estenssoro, baptisée « nationalisme révolutionnaire », théorise une alliance entre toutes les classes sociales et justifie la mise en place d'un capitalisme d'État fortement influencé par la doctrine développementaliste. Pourtant, les élites économiques les suspectent de favoriser l'instauration en Bolivie d'un régime de type communiste.

C'est au milieu d'explosions à la dynamite que le président Víctor Paz signe le décret de nationalisation dans la mine Siglo XX-Catavi, dont les cadres syndicaux symbolisent la résistance à la répression des gouvernements successifs de la *rosca*. Le président accepte également de cogouverner avec la puissante Centrale ouvrière bolivienne (COB◆), qui nomme quatre ministres dans ses rangs et obtient le droit de veto sur la politique minière conduite par la Corporation minière bolivienne (Comibol◆). Un an plus tard, en 1953, le «docteur Paz», à nouveau entouré de milices armées – paysannes, cette fois –, approuve la réforme agraire qui redistribue les terres des propriétés «féodales» aux paysans avec comme mot d'ordre: «La terre appartient à ceux qui la travaillent»[11]. Ainsi se concrétise la vieille revendication «Les terres à l'Indien, les mines à l'État», que brandissaient déjà les premières organisations socialistes boliviennes quelques décennies auparavant. Malgré un parcours sinueux marqué par des alliances avec certains régimes militaires, en particulier la dictature du général Banzer, entre 1971 et 1978, le MNR reste le principal parti de la vie politique bolivienne jusque dans les années 1980. Lors de cette période, marquée par une crise économique et financière et par l'essoufflement du «capitalisme d'État», le vieux parti nationaliste, encore dirigé par Paz Estenssoro, opère un tournant vers le néolibéralisme. Il impose l'un des programmes de libéralisation les plus radicaux de toute l'Amérique latine. Le maître d'œuvre de cette conversion est un entrepreneur minier, célèbre par son action politique au moins autant que par son espagnol teinté d'un inimitable accent américain: Gonzalo Sánchez de Lozada. Parvenu deux fois à la présidence, d'abord entre 1993 et 1997, puis en 2002, il est renversé en octobre 2003 par une insurrection populaire connue comme la «guerre du gaz». Depuis cette date, l'ancien président mène une vie paisible aux États-Unis, en dépit des demandes d'extradition émises par le gouvernement Morales.

Lors de son discours inaugural, prononcé dans un Parlement dorénavant divisé en deux camps, Morales lance aux députés de droite : *« Le peuple est désormais conscient et, grâce à vous* [qui m'avez expulsé du Parlement en janvier 2002 – voir *infra* p. 70 *sq.*], *aujourd'hui, c'est nous qui sommes ici ; mais n'ayez pas peur, nous n'allons pas vous faire ce que vous nous avez fait.* » Puis le nouveau président prononce un message en aymara, suscitant ainsi une émotion visible chez les paysans qui suivent son intervention dans le centre de La Paz ; c'est en quechua qu'il salue les chefs d'État étrangers. *« Gonzalo Sánchez de Lozada parlait espagnol avec un accent anglais ; enfin, notre président est un vrai Bolivien. C'est pour cela que nous sommes fiers de lui »**, dit l'un des *mallkus* qui, la veille, avaient assuré la sécurité à Tiwanaku. Evo Morales n'est pourtant pas le seul indigène à prendre les rênes de l'État bolivien : Santos Ramírez, nouveau président du Sénat, est le fils d'une dame *de pollera* (les *polleras* sont ces jupes aux multiples épaisseurs que portent les femmes indiennes dans les centres urbains) qui ne parle pas espagnol, tandis que le président de la Chambre des députés, Edmundo Novillo, est un avocat quechua d'origine paysanne. La fête se poursuit sur la place des Héros, théâtre de multiples manifestations populaires, notamment en octobre 2003, lorsque les foules réclamèrent la démission de Gonzalo Sánchez de Lozada. Cette fois, cependant, il ne s'agit pas de renverser un président, mais bien de le proclamer. Les explosions de

* Lors de son premier mandat (1993-1997), Gonzalo Sánchez de Lozada, qui s'était fait connaître sous le surnom de « Goni », s'était rendu populaire en promettant aux Boliviens l'entrée de leur pays dans l'ère de la modernité, au moyen d'un programme de libéralisation de l'économie combiné à un ensemble de réformes promouvant la reconnaissance du caractère multiculturel du pays. Lors de sa réélection, en 2002, Goni n'avait rien perdu de l'accent « gringo » qui le caractérisait.

dynamite, symbole traditionnel de la présence massive des mineurs dans la ville aux temps de la contestation, constituent le fond sonore de ce cadre festif: après les *mallkus* aymaras, c'est aux travailleurs des mines qu'a été confié le service d'ordre.

UNE BOLIVIE S'ÉTEINT, UNE AUTRE NAÎT...

Au cours du XXe siècle, le mouvement minier occupe une place fondamentale sur la scène politique bolivienne. Les importantes richesses minières du pays, d'abord accaparées par les «barons de l'étain», sont exploitées à partir de 1952 par l'entreprise publique Comibol◆. Mais cette Bolivie décline à partir de 1985, lorsque l'ex-président Víctor Paz Estenssoro revient au palais présidentiel pour écrire l'épitaphe de la révolution de 1952, dont il avait pourtant lui-même été l'un des protagonistes majeurs. À cette époque, le vieux *caudillo* avait déjà troqué la Révolution Nationale contre la «révolution conservatrice» entreprise par Margaret Thatcher au Royaume-Uni. La «dame de fer» comme l'ex-nationaliste révolutionnaire, s'ils veulent respecter leur agenda de contre-réformes, doivent du reste affronter et vaincre le même ennemi: les mineurs. Dans le cas bolivien, les fils des travailleurs qui avaient défilé devant le palais présidentiel, de vieux fusils à l'épaule, lors de la révolution de 1952, avant de participer à l'effervescence de l'Assemblée populaire de 1971*,

* Créée le 22 juin 1971 sous les auspices du régime militaire progressiste du général Juan José Torres (1970-1971), l'Assemblée populaire représente l'une des expériences pratiques les plus originales de constitution d'un organe de pouvoir indépendant issu de la classe ouvrière bolivienne, sous l'égide de la COB◆. Bien qu'elle n'ait jamais acquis le statut d'un «deuxième pouvoir» menaçant réellement les institutions,

sont défaits en 1986, lors de la Marche pour la vie et la paix. Cette marche avait pour but d'empêcher le démantèlement de la Comibol et le licenciement – suavement rebaptisé « relocalisation » – de plus de vingt mille d'entre eux*. À Calamarca, où la marche est encerclée par l'armée, il n'y a déjà plus rien à négocier. L'État qu'affrontent alors les mineurs est désormais dirigé par une élite qui ne cherche plus à consolider sa légitimité en recourant à « l'inclusion subordonnée de la plèbe organisée », comme le faisait traditionnellement l'État nationaliste, mais bien en procédant à la désintégration de toute forme d'organisation sociale qui s'oppose à lui[12]. La défaite est double : ces mêmes mineurs votent en effet pour le « docteur Paz », choisi comme un moindre mal face à l'ex-dictateur Hugo Banzer Suárez, qui tente alors son retour, par la voie des urnes, à un pouvoir qu'il avait une première fois conquis par un coup d'État et conservé sept années durant (1971-1978).

En Bolivie, comme dans d'autres pays latino-américains, le « traumatisme de l'hyperinflation » a fonctionné comme un moyen privilégié de contrôle social. Par l'adoption de politiques reflétant le contexte idéologique international – et grâce aux conseils avisés de l'économiste américain Jeffrey Sachs[13] –, un modèle s'instaure

---

l'Assemblée populaire eut une portée symbolique indéniable sur la gauche, dans la mesure où elle permit de faire de la construction du socialisme en Bolivie une perspective concrète. C'est en partie la peur qu'elle suscita dans les rangs de la droite qui hâta le coup d'État d'Hugo Banzer Suárez, le 22 août 1971, par lequel il mit fin tout à la fois au régime de Torres et à cette expérience, unique dans l'histoire de la Bolivie, d'auto-organisation du mouvement ouvrier.

* En 1985, le prix de l'étain, principal minerai d'exportation bolivien, connaît une chute vertigineuse. La livre d'étain, évaluée à plus de 5 dollars, s'effondre jusqu'à 2,40 dollars après une fermeture du marché de près de six mois.

graduellement : la nouvelle politique économique (NPE), bâtie à partir d'une perspective monétariste et soutenue par un ajustement fiscal, par la privatisation (rebaptisée « capitalisation ») d'entreprises publiques*, la déréglementation des marchés et l'ouverture de l'économie à l'international. Un programme libéral parachevé quelques années plus tard par le gouvernement de Gonzalo Sánchez de Lozada (1993-1997), dans le cadre d'une politique associant un discours multiculturaliste à un programme de décentralisation politique et administrative de l'État renforçant l'échelon municipal.

Privés d'emploi pratiquement du jour au lendemain, des milliers de mineurs migrent vers les villes (en particulier El Alto, qui surplombe La Paz et en constitue la périphérie) ; d'autres décident de tenter leur chance dans la culture de la coca dans la région du Chapare, située dans le Tropique de Cochabamba. Dans leurs nouveaux lieux de vie, beaucoup abandonnent progressivement les pratiques et coutumes héritées du syndicalisme de la mine et tentent d'ouvrir un petit négoce familial. Cela n'empêche pas, cependant, la majorité d'entre eux de réinvestir leur « capital militant »[14] dans de nouveaux types d'organisations : comités de quartier *(juntas vecinales)* à El Alto et syndicats de cultivateurs de coca dans le Chapare. Avec la crise minière, la Centrale ouvrière bolivienne (COB◆), autrefois toute-puissante, commence à perdre sa position d'interlocuteur privilégié de l'État. Simultanément, la

* La capitalisation a consisté en l'injection dans les entreprises d'État de capitaux apportés par un « partenaire stratégique international », lequel obtenait en contrepartie 50 % des actions de l'entreprise, et le contrôle de la gestion. Les 50 % restants étaient transférés aux Boliviens âgés de plus de 21 ans, par le biais d'un fidéicommis remis aux administrateurs de fonds de pension (AFP) dont la rente devait servir à payer le Bonosol (retraite) aux citoyens âgés de plus de 65 ans.

conscience de classe forgée dans le cadre de l'État nationaliste semble s'étioler. Sa vitalité avait jusqu'alors permis d'articuler et d'orienter les mobilisations sociales les plus diverses vers une action syndicale efficace. Ses franges les plus à gauche avaient même tenté de radicaliser la centrale syndicale dans une perspective socialiste. Il faudra attendre plus d'une décennie – et la perte de légitimité du modèle de développement néolibéral, tandis que le système permettant la mobilité sociale des professions liées à l'administration s'enraye avec le démantèlement de l'« État-patron » – pour voir surgir des formes alternatives de résistance.

À la fin de l'année 1999, la compagnie Aguas del Tunari, filiale de la multinationale étasunienne Bechtel, qui vient d'obtenir la concession du service de distribution de l'eau à Cochabamba, décide d'augmenter les prix (jusqu'à 300 %) : la protestation des habitants marque le point de départ d'une reconfiguration des forces populaires en Bolivie. Au cours de cette mobilisation, qui se transforme progressivement en un soulèvement connu sous le nom de « guerre de l'eau », entre en scène un attelage hétéroclite d'organisations et mouvements sociaux : la Coordination de défense de l'eau et de la vie, dont le dirigeant ouvrier, Oscar Olivera, est le principal porte-parole. La création de cette structure constitue le point de départ d'une nouvelle étape pour les mouvements sociaux boliviens. Il s'agit en effet de la première mobilisation d'ampleur capable de transcender les appartenances corporatives, la coordination parvenant par exemple à mobiliser côte à côte syndicats d'ouvriers, de paysans, d'étudiants et associations d'usagers. Ce soulèvement reflète la prise de conscience de la logique de marchandisation propre au néolibéralisme, grâce notamment à l'ouverture d'un débat national sur le maintien d'un patrimoine public et de ressources sociales collectives, face aux vagues de privatisations entamées dans les années 1980. Enfin, la guerre de l'eau s'achève sur la première victoire populaire significative après un cycle de défaites long de presque quinze ans. Un succès qui repose sur l'alliance entre secteurs urbain et paysan. Et qui voit apparaître comme protagoniste de premier plan un groupe social: les *cocaleros*, avec à leur tête Evo Morales Ayma.

2

La politisation de la coca et l'émergence paysanne

LA FEUILLE DE COCA : ENJEUX ET POLÉMIQUES

Dès le XVIe siècle, la coca a été employée comme apport énergétique pour augmenter la productivité des Indiens exploités dans les mines, en particulier à partir de la découverte des riches filons d'argent de Potosí, en 1545. Cependant, dans les débuts de l'époque coloniale, la feuille de coca reste perçue comme une invention « diabolique »[15]. Les rituels indigènes lui attribuent des vertus : attirer sur soi la chance, et sur l'ennemi le malheur. Cette croyance se maintient dans l'imaginaire collectif jusqu'à ce que les jésuites soulignent ses vertus médicinales et son caractère de substitut nutritionnel : les travailleurs de la mine qui la mâchent peuvent multiplier leur rendement par deux, et jeûner plusieurs heures durant.

Sur le plan international, les discours relatifs à la feuille de coca ont connu au fil des années de fréquentes variations, au rythme des différents changements survenus dans les structures sociales et normatives des sociétés industrielles. Une période dorée accompagne le laisser-faire et la médicalisation de la société au début du XIXe siècle ; elle cède la place à une phase de prohibition née aux États-Unis dans les années 1920 sous l'impulsion d'un mouvement puritain, le Mouvement pour la tempérance. Celui-ci s'engage dans une croisade morale contre l'alcool, mais aussi contre les drogues, en promouvant des accords internationaux, principalement par le biais de la Société des Nations, visant à réguler leur production et leur commercialisation[16]. Après une première série de tentatives infructueuses, la convention pour la répression du trafic illicite de drogues nuisibles, signée à Genève en 1936, impose un modèle répressif défendu par les États-Unis. D'autres conventions, à l'initiative des Nations unies, viendront étoffer plus tard cette législation sur des points tels que la fabrication, la distribution et la consommation de stupéfiants.

L'usage de la coca, un produit naturel des zones tropicales des départements de La Paz et de Cochabamba, remonte à l'époque précolombienne et demeure courant, à des fins médicales et religieuses, chez les peuples andins ; la coutume de l'*akulliku* ou du *pijcheo* (succion des feuilles, dont l'effet stimulant, doux, ne provoque pas d'addiction) s'est maintenue au fil des siècles, particulièrement dans les milieux populaires. Cette pratique ancestrale donne lieu au cours des années 1920, d'abord au sein du milieu universitaire péruvien, puis dans le reste de la région andine, à de grands débats portant sur les effets de cette coutume, associée dans de nombreux cas à un processus de « dégénérescence raciale des Indiens[17] ». Parmi les principaux détracteurs de la feuille de coca figurent certains des représentants les plus influents de l'indianisme bolivien : ainsi, Fausto Reinaga écrit que *« la Bible prêchée par le peuple blanc a été pire pour l'Indien que la coca et l'alcool »*. De fait, Reinaga fait de la coca un élément à part entière de l'oppression subie par les peuples indigènes : *« La coca que mâche l'Indien, que mâche l'enfant indien, que mâche le grand-père, la coca que mâchent les Indiennes et les Indiens est la substance qui anesthésie, qui endort la faim de l'Indien[18]. »*

Au cours des années 1970, on assiste à une seconde période dorée de la coca, liée à l'augmentation de la demande en chlorhydrate de cocaïne, principalement au sein des pays développés. La surface des terres consacrées à sa culture dans la région andine croît rapidement, tandis que les « cartels » se structurent[19]. Sous la dictature de Banzer (1971-1978), c'est dans la sphère de l'État qu'est donnée l'impulsion à l'entreprise de transformation de la coca en cocaïne, un *business* à part entière dirigé ensuite par le général Luis García Meza[20], dont la prise de pouvoir grâce au « coup d'État de la cocaïne »[21] ouvre la voie à un régime connu *a posteriori* comme la « dictature de la délinquance »[22] (1980-1981). Au début des années 1980, l'administration conservatrice de Ronald Reagan déclare une nouvelle « guerre contre les drogues » qui s'étend au-delà des frontières américaines: centrée sur l'élimination de l'offre, cette politique implique une militarisation de la question, la mise en place de politiques coercitives d'éradication de la coca excédentaire, et l'ingérence croissante dans la politique intérieure des pays andins. Les États-Unis imposent ainsi la certification des unités militaires boliviennes chargées de l'éradication comme préalable à l'octroi de prêts et autres aides économiques.

LE PLAN COLOMBIE

Le plan Colombie illustre bien l'option militariste choisie par Washington : conçu par les gouvernements d'Andrés Pastrana et de Bill Clinton en 1999, il consiste à élaborer des stratégies de lutte antidrogue permettant le développement économique et social des régions concernées par l'éradication de la coca. Il s'agit d'en finir avec le conflit armé qui oppose l'État colombien aux guérillas conduites par les Forces armées révolutionnaires colombiennes (Farc) et l'Armée de libération nationale (ELN). Bien qu'envisagé initialement comme un « plan Marshall » pour la Colombie axé sur le développement de solutions pour remplacer la coca, la version finale, échafaudée conjointement avec les États-Unis, fait de la lutte armée contre la guérilla une priorité. En 2000, année du lancement du plan, l'aide provenant de Washington (y compris les financements hors plan) atteint 979,8 millions de dollars, parmi lesquels 765,5 sont consacrés à des programmes d'assistance militaire et policière. Pour l'année 2006, les États-Unis apportent une aide de 779,7 millions de dollars, dont 641,2 consacrés au volet répressif de la coopération américano-colombienne[23]. Les programmes d'assistance économique et sociale étasuniens en Colombie sont presque inexistants jusqu'en 2000, et leur part dans le financement total de la coopération ne dépasse jamais 20 % au cours de la période 2000-2006[24].

Washington et Bogotá se targuent d'un certain succès dans l'éradication des champs de coca. Mais les populations locales et les militants de gauche ne semblent pas partager cet avis. Parmi les accusations les plus fréquentes : la tolérance à l'égard des atteintes aux droits de l'homme perpétrées par les groupes paramilitaires d'extrême droite, les désastres sanitaires entraînés par l'incendie des champs de coca[25] et l'utilisation du plan pour justifier le contrôle militaire des pipelines couvrant le territoire colombien. Sans parler du contrôle des populations paysannes, dont les représentants revendiquent la nationalisation de ressources naturelles comme le pétrole, contre les compagnies américaines qui en assurent l'exploitation[26]. Depuis l'année 2001 et l'élargissement du plan Colombie en « Initiative andine » sous la houlette de George W. Bush, la « guerre contre les drogues » conduite par les États-Unis s'étend à l'ensemble des pays andins et frontaliers[27]. Prévoyant des mesures telles que la « libéralisation » du nombre d'armes pouvant être utilisées par le personnel chargé de l'éradication, ainsi que des programmes coordonnés d'aide au contrôle des frontières pour les pays non producteurs (Équateur, Brésil, Panamá et Venezuela), l'Initiative andine dote les États-Unis d'un droit de regard inédit sur l'exercice de la souveraineté de la quasi-totalité des pays sud-américains. Et le budget consacré au financement de l'Initiative en 2005 démontre la volonté de persévérer dans la poursuite d'une politique militariste : sur les 725,15 millions de dollars prévus pour l'ensemble du programme (462,77 millions pour la seule Colombie), seuls 262,48 millions sont consacrés à des programmes de développement économique et social (soit 36,2 % du financement total)[28].

En Bolivie, l'adoption, le 19 juillet 1988, de la loi 1008 du régime de la coca et des substances contrôlées marque un tournant. Ce texte constitue le cadre juridique au sein duquel s'élaborent les politiques publiques relatives à la coca, parmi lesquelles les programmes d'éradication comme le plan d'action immédiate Option zéro (1994) et le plan Dignité (1997). Cette norme distingue trois zones (traditionnelle, excédentaire et illicite) de culture de la coca. La zone de culture traditionnelle recouvre les aires de production antérieures à la conquête espagnole ; elle se concentre principalement dans les Yungas, les vallées tropicales proches de La Paz. La zone dite excédentaire correspond aux surfaces de colonisation récente, au sein desquelles l'État promeut une éradication « volontaire » par le biais de plans de développement alternatif financés par la coopération internationale. Enfin, la dernière catégorie est réservée aux cultures considérées comme illégales, qui font l'objet d'une éradication forcée, sans compensation. Mais, au moment de l'adoption de cette loi, la coca autrefois diabolique est déjà reconnue comme la « feuille sacrée » des mouvements paysans et indigènes, à la fois ressource économique pour de nombreuses familles et base matérielle de leur action politique et syndicale, comme l'illustre le cas du Chapare.

LE CHAPARE, ZONE ROUGE DE LA GUERRE CONTRE LE NARCOTRAFIC

Anciennement peuplé d'Indiens Yuracarés, le Chapare est l'une des régions les plus atypiques de la Bolivie. Sa configuration historique est le fruit de processus de colonisation rurale tantôt dirigés par l'État, tantôt spontanés. Les premiers colons, venus du Valle Alto de Cochabamba, s'installent entre les années 1920 et 1940. À cette époque, les conditions de transport (à dos d'âne) sont si peu efficaces que même la coca ne peut être commercialisée[29]. Ce n'est que bien plus tard qu'apparaît, dans la localité de Villa Tunari, un marché de négociants de la coca. Il enracine l'économie de la feuille au sein de la population locale, et ce en dépit du manque d'assistance technique, d'infrastructures et de crédits, pourtant promis par les autorités d'État chargées d'exécuter les plans de colonisation des basses terres[30]. Facile à transporter, la coca devient peu à peu la principale culture commerciale de la région, reléguant le manioc, le riz, les bananes, les agrumes ou le maïs au rang de cultures d'autoconsommation.

Au fil du processus de colonisation, les premiers syndicats se structurent en s'inspirant des formes organisationnelles créées par les syndicats de paysans des vallées de Cochabamba, tout en intégrant des traditions héritées du syndicalisme révolutionnaire des ouvriers et des mineurs. En effet, c'est par le biais du syndicat que les migrants répartissent les terres, réglementent la circulation de la force de travail et créent des mécanismes de gestion collective de la vie quotidienne – autant de fonctions que cette structure assume encore aujourd'hui[31]. « *Lorsque s'établit une nouvelle colonie, on crée un syndicat qui assigne les lopins de terre en échange de la participation aux travaux de la communauté* [qui concernent principalement les infrastructures : nettoyer les routes ou construire une école, par exemple][32]. » La participation aux réunions du syndicat, aux manifestations et aux blocages qu'il organise est également obligatoire.

Parallèlement, les syndicats prennent en charge les démarches administratives nécessaires pour obtenir les titres de propriété des terres auprès de l'Institut national de la colonisation ou de l'Institut national de la réforme agraire. Ils jouent le rôle de médiateurs dans les conflits relatifs aux limites des lopins, valident les achats et les ventes de terres – tout en s'assurant que l'acheteur, s'il s'agit d'un « nouvel entrant », s'engage à assumer les devoirs syndicaux qui lui incombent. Enfin, ils interviennent dans les conflits opposant des héritiers ou des conjoints. Dans le Chapare, situé au centre de la guerre contre les drogues, il n'est pas rare de voir certains habitants traiter leur voisin d'espion ou l'accuser de travailler pour les « léopards » (policiers). Ces accusations provoquent au sein des communautés d'innombrables tensions, que les autorités syndicales sont chargées de résoudre. Au même titre que dans le reste du monde andin, la propriété de la terre implique d'endosser des responsabilités politiques locales qui consolident un espace dense de droits et devoirs collectifs organisés et structurés par le syndicat.

Au Chapare, le syndicat procède ainsi de l'agrégation aléatoire de familles paysannes provenant des régions les plus diverses, regroupées au sein d'une nouvelle territorialité. Il est constitué par l'association de petits propriétaires désireux d'accéder à une part de terre et d'en faire une base de reproduction de l'unité familiale[33]. Du fait des usages communautaires importés par les nouveaux migrants, les prérogatives accordées au syndicat débordent le cadre traditionnel; le syndicat représente un pouvoir local proto-étatique. Et l'on peut analyser le socle idéologique, culturel et organisationnel de l'identité *cocalera* du tropique de Cochabamba comme une articulation des mémoires paysanne, indigène et minière qui sera à l'origine d'une nouvelle force politique aux dimensions nationales.

Au cours des années 1960, la culture de la coca « à des fins d'accumulation[34] » se développe. Une infrastructure encore sommaire de routes et de ponts prend naissance, qui permet la circulation de véhicules motorisés. À la fin de cette même décennie, la demande illégale de coca destinée à l'élaboration de cocaïne explose, ouvrant ainsi la voie à la période dorée de la coca (son prix maximal est atteint en 1981). C'est ainsi qu'apparaît le métier de *pisacoca* (celui qui piétine les feuilles avant de les faire macérer) en même temps qu'arrive une nouvelle vague de migrants aux caractéristiques plus flottantes, attirés par le décollage économique de la région et la perspective de profits mirobolants. Simultanément, un marché de la terre s'organise dans le Chapare, certaines parcelles acquérant une valeur très élevée. À partir du milieu des années 1980, la dynamique socio-économique du Chapare est marquée par l'éradication « compensée » des plantations de coca*, puis par les affrontements sociaux suscités par l'éradication dite « compulsive » (non compensée financièrement), conduite principalement sous le gouvernement

* La compensation financière offerte par l'État pour l'éradication de champs de coca a pu atteindre jusqu'à 2500 dollars par hectare.

de Banzer et Quiroga (1997-2002). Si les politiques d'éradication engagées en 1961, après la signature de la convention de Vienne par le président Paz Estenssoro, incluaient des programmes de substitution des cultures de coca par des agrumes, elles ne furent accompagnées d'aucune planification, d'aucune application systématique. Ce n'est qu'à partir de l'élaboration, en 1986, du plan triennal de lutte contre le narcotrafic que les programmes de substitution sont réellement pris en compte. Et pour cause: ils fondent la politique antidrogue impulsée par les États-Unis.

Le plan établit que la cocaïne est *« un stupéfiant dont la Bolivie est l'un des principaux producteurs*[35] » et signale que les terres aptes à la culture de la coca utilisée pour fabriquer de la cocaïne sont justement celles du Chapare. Le diagnostic est sans appel: il préconise d'*« éradiquer les plantations excédentaires de coca en Bolivie, afin d'éliminer la production de cocaïne »*, les profits engendrés par des productions alternatives devant servir à consolider ce processus. Des plans compensatoires projettent une diversification de la production financée par des organismes étrangers. Ils ne constitueront jamais une alternative crédible à la production de la coca: *« Le développement alternatif est promu par la coopération européenne, les Nations unies et l'aide provenant des États-Unis. Son application exclut non seulement les habitants des régions concernées, mais également et surtout leurs organisations syndicales, et elle est directement liée à des programmes d'éradication à caractère répressif. Il n'y a aucune recherche de débouchés pour les produits de substitution proposés par les techniciens étrangers. Il n'y a aucun développement significatif de l'infrastructure productive du Chapare. De manière générale, les sommes investies ne représentent même pas le dixième du capital mobilisé par la production de coca*[36]. »

À l'approbation du plan triennal succède la promulgation de la loi 1008, qui suscite la résistance des syndicats *cocaleros*. Cette loi menace en effet directement les moyens de subsistance des paysans[37], le développement alternatif n'ayant pas convaincu les petits producteurs. Lors du premier mandat de Sánchez de Lozada (1993-1997), un plan Option zéro entraîne de nouveaux affrontements entre *cocaleros* et forces d'éradication. L'administration Clinton fait pression pour que soit approuvé un plan d'éradication totale de la coca en Bolivie. C'est finalement sous la présidence de Banzer (1997-2001) que s'élabore le plan Dignité, dont la politique se résume au slogan « Coca zéro ». Il vise la sortie définitive de la Bolivie hors des circuits du narcotrafic par le biais de l'éradication forcée des cultures de coca, et ce sans compensation financière. Les luttes entre militaires et syndicats *cocaleros* deviennent un élément à part entière de la vie quotidienne. C'est en résistant aux politiques d'éradication que les organisations de petits producteurs de coca parviendront en une vingtaine d'années à construire l'un des plus importants mouvements sociaux du pays.

CULTURE DE LA COCA ET CULTURES ALTERNATIVES

Dans les régions *cocaleras*, les revenus générés par la production de coca sont supérieurs non seulement à ceux des produits alternatifs, mais également à ceux des activités non agricoles. La culture de la coca présente l'avantage d'exiger une grande quantité de main-d'œuvre (ce qui entraîne la création de nombreux emplois) tout en requérant peu de capital (la matière première la plus coûteuse étant les *plantines*, les plants de coca, qui peuvent être produits par les paysans eux-mêmes). Par ailleurs, les étapes postérieures à la plantation (effectuée par des hommes adultes) emploient autant de main-d'œuvre masculine que féminine, et même les enfants âgés de plus de dix ans : la récolte n'est pas mécanisable. La coca est un produit rentable même lorsqu'elle est cultivée en petites parcelles, et sa commercialisation n'engendre pas de grandes différenciations sociales ; au contraire, elle favorise la structuration de communautés de petits producteurs qui se partagent le travail à travers la forme d'organisation de la vie sociale héritée du concept d'*ayni* (système d'échange de travail ou de biens)[38]. Enfin, la simplicité des techniques de plantation de coca dans le Chapare permet à quiconque d'entrer immédiatement dans la chaîne productive, ce qui n'est pas le cas dans les Yungas, où les caractéristiques du sol requièrent du cultivateur un long apprentissage. Les produits alternatifs (ananas, banane ou café, selon les zones) ne bénéficient d'aucun de ces avantages : il s'agit généralement de cultures plus techniques, incluant l'utilisation de fertilisants et de pesticides, plus coûteuses et moins rentables dans le cadre de petites propriétés agraires. Elles nécessitent aussi une moindre quantité de main-d'œuvre, ce qui n'est pas sans effet sur l'organisation de la vie sociale dans la communauté. Il s'ensuit un rétrécissement du marché de l'emploi et une restriction des possibilités de pratiquer l'*ayni*. « *En termes d'économie paysanne, la coca reste supérieure au café, car l'investissement initial n'est pratiquement composé que de main-d'œuvre et, une fois la culture établie, il y a trois récoltes par an (et plus encore dans les régions tropicales) pour une période de trente ans ; tandis que le café, dans la même niche écologique, n'autorise qu'une seule récolte à l'année et, contrairement à la coca, c'est une culture qui ne parvient pas à se maintenir dans les sols déjà éprouvés.* […] *La coca constitue aussi un élément de la vie quotidienne dans les Yungas. Quand un homme se marie, c'est lui qui a la charge d'apporter au foyer deux choses : une maison et un* cocal (« un champ de coca »)[39]. » Même après les prix records atteints dans les années 1980, les revenus bruts et nets de la coca sont restés supérieurs à ceux des produits alternatifs. Cependant, la stratégie anticoca a toujours privilégié la guerre contre les drogues, aux dépens du bien-être des paysans. Les rapports officiels évoquent le nombre d'hectares éradiqués, sans la moindre référence aux avancées ou aux reculs en termes de développement. Les bénéficiaires de ces programmes ne sont pas les paysans, mais les groupes chargés de les appliquer, qui tendent à constituer une petite strate bureaucratique dont les revenus dépendent de plus en plus étroitement de la réalisation des objectifs. Au regard de ces faits, Alison Spedding propose un changement de perspective politique : passer du développement alternatif à un développement centré sur la coca qui impliquerait de mettre un terme à la militarisation du conflit et de créer les conditions économiques favorables aux produits non plus alternatifs, mais complémentaires de la coca. Un tel choix conduirait selon elle les *cocaleros* à intégrer à leur culture une production parallèle à la coca, sans recourir à des pressions extra-économiques. À condition, bien sûr, que les produits trouvent progressivement un débouché sur les marchés mondiaux et bénéficient d'une rentabilité croissante qui leur permette de s'y maintenir[40]. Les paysans ne sont pas des monocultivateurs de coca : grâce aux profits réalisés avec la vente de la feuille, ils acquièrent les matières premières nécessaires aux autres cultures. De plus, face à la baisse des prix de la coca (un objectif que visent les politiques publiques anticoca), les paysans tendent à augmenter la surface cultivée afin d'obtenir le même revenu. L'industrialisation de la coca (c'est-à-dire le développement d'activités permettant sa transformation en produits alternatifs à la cocaïne) ne constitue cependant pas une perspective évidente. Au-delà du *mate* (infusion) de coca, des produits tels que le vin*, le dentifrice ou les

* Au XIXe siècle, le vin Mariani, élaboré à partir de la coca, était un produit répandu en Europe. On put compter parmi ses adeptes des personnalités telles qu'Émile Zola et le pape Léon XIII.

cosmétiques n'offrent aucune garantie en termes de marchés. D'abord à cause de l'absence de tout accord entre producteurs, entreprises privées et État concernant la distribution, la publicité et la réforme des barrières légales à l'exportation. Par ailleurs, la caractérisation de la coca comme «substance contrôlée» dans les conventions internationales freine l'exportation de produits élaborés à partir de la feuille verte. La «diplomatie de la coca» développée sous la présidence d'Evo Morales vise justement à instaurer une politique de promotion nationale et internationale. Efforts vains, pour le moment, comme en témoigne le peu d'enthousiasme suscité par les demandes de dépénalisation formulées par la Bolivie lors de la 49e session de la commission des stupéfiants des Nations unies, réunie à Vienne en mars 2006. Les appels au ralliement à ce combat lancés dans le cadre, *a priori* plus réceptif, de la conférence du Mouvement des non-alignés, tenue à La Havane en septembre 2006, sont eux aussi restés sans réponse*. Comme le signale Spedding, les informations sur le circuit coca-cocaïne sont limitées car *«l'hystérie politique et policière qui entoure* [le thème du narcotrafic] *rend impossible la publication d'une information actualisée, à moins de vouloir donner des arguments aux défenseurs*

* Une autre option pour le marché légal serait la promotion de la mastication de feuilles *(akulliku)* comme stimulant non addictif par l'accès de la coca à des circuits de commercialisation dont elle est aujourd'hui absente. Une telle démarche pourrait être complétée par des accords bilatéraux permettant l'exportation légale de coca vers le nord de l'Argentine (un marché qui représenterait environ 50 millions de dollars annuels). Le *mate* de coca en sachets constitue sans doute le produit doté du plus fort potentiel en termes d'exportations. Cependant, la principale barrière à ce jour est d'ordre agro-écologique : un échantillon envoyé en Belgique au milieu des années 1990 fut refusé non pas en raison de l'assimilation de son contenu à la cocaïne, mais à cause de la quantité de résidus de produits agrochimiques, largement supérieure à celle tolérée par la législation belge pour des produits destinés à la consommation

de la répression». Le nouveau président a prévenu qu'il y aurait «*zéro cocaïne, mais pas zéro coca*», et que le contrôle des cultures serait mené en concertation avec les organisations syndicales, dont les membres eux-mêmes seraient les garants de maintien du *cato* (mesure agraire correspondant à 1 600 mètres carrés) par famille, dans le cadre d'un programme de rationalisation de la production, entendue comme une éradication volontaire – et ce jusqu'à ce qu'une étude de marché détermine les quantités nécessaires à la satisfaction de la demande légale.

L'INFLUENCE *COCALERA* AU SEIN DU MOUVEMENT PAYSAN

Le processus de colonisation de terres dans le Chapare a connu un développement notable des années 1970 jusqu'au début des années 1990*. Deux événements ont contribué de manière décisive à l'expansion de cette région *cocalera.* D'une part, en 1983, une sécheresse sans précédent sévit sur l'*altiplano* et oblige des centaines de familles paysannes à émigrer. D'autre part, en 1985, la promulgation du décret suprême 21060 par le gouvernement de Paz Estenssoro entraîne le démantèlement de la régie minière Comibol◆ et le licenciement de plus de vingt mille mineurs. Dans les deux cas, une grande partie des victimes de ces crises migrent vers le Chapare, contribuant ainsi à l'augmentation du nombre des cultivateurs de coca et de la superficie de terres cultivées. Dès lors, l'influence *cocalera* au sein du mouvement syndical paysan ira croissant.

* Selon les recensements effectués, la population du Chapare est passée de 32836 à 108276 habitants entre 1976 et 1992.

Au début des années 1980, la Fédération spéciale du tropique, implantée dans la province du Chapare, n'est qu'un regroupement de syndicats paysans relativement faible, éloigné des enjeux de politique nationale[41] et miné par d'incessants conflits internes qui opposent six fédérations locales indépendantes les unes des autres. Parallèlement, le mouvement souffre alors de profonds désaccords stratégiques, dans la mesure où ces six fédérations sont affiliées à différentes confédérations paysannes : quatre d'entre elles appartiennent à la Confédération syndicale des colonisateurs de Bolivie (CSCB◆), alors que les deux autres ont adhéré à la Confédération syndicale unique des travailleurs paysans de Bolivie (CSUTCB◆). L'idée d'une politique unitaire, y compris dans le cadre restreint du Chapare, n'était guère envisageable.

Les migrants paysans et mineurs qui arrivent au tropique de Cochabamba au milieu des années 1980 rencontrent donc un mouvement *cocalero* non seulement fragmenté et sans influence politique, mais encore affaibli par la répression. L'une des premières tâches auxquelles se consacrent les nouveaux *cocaleros* consiste à mettre sur pied une coordination des six fédérations. Elle voit le jour en 1992. Evo Morales explique son élection à sa tête en 1996 comme un conflit de générations : « *Quels étaient alors nos rivaux ? Il ne s'agissait pas de conservateurs ou de néolibéraux ; c'était un conflit entre la nouvelle génération et la vieille garde. Il y avait un petit vieux, Alberto Vargas, qui avait été dirigeant jusqu'en 1988, c'était une tendance à lui tout seul. On nous traitait de coureurs de jupons, d'alcooliques et d'irresponsables*[42]. »

Parallèlement à cette réorganisation interne, les *cocaleros* renforcent leur position au sein de la CSUTCB◆ grâce à leur poids numérique dans le Chapare et dans les Yungas. Lors du congrès de 1987, ils parviennent à tripler le nombre de leurs délégués et à faire approuver la création d'une commission de travail traitant exclusivement du thème de la coca[43]. L'année suivante, lors du premier congrès extraordinaire de la CSUTCB◆, la thèse de « l'instrument politique » des paysans (la création d'un parti qui permette la participation directe des syndicats aux élections politiques) est débattue et soumise au vote pour la première fois. Bien qu'il s'agisse au départ d'une proposition avancée par des courants paysans prônant la lutte des classes, les *cocaleros* la reprennent à leur compte à partir de 1991[44]. L'influence des cultivateurs de coca au sein du mouvement paysan-indigène ne se limite pas à des effets organisationnels : elle s'exprime également par la généralisation de la défense de la feuille verte à l'ensemble du syndicalisme paysan. Une revendication qui devient, à partir de 1992, l'un des principaux axes de travail de la CSUTCB◆.

Les débats sur la constitution d'un instrument politique paysan n'empêchent pas les syndicats *cocaleros* d'aborder les élections générales de 1989 en examinant les alliances possibles avec des forces politiques susceptibles de s'opposer aux mesures d'éradication de la coca prévues par la loi 1008. Alors qu'une majorité de fédérations défend, à travers la coalition Gauche unie (Izquierda unida, IU), créée en 1988, une stratégie d'alliance avec des partis de gauche, quelques fédérations proposent quant à elles de soutenir le Mouvement de la Gauche Révolutionnaire (MIR◆) de Jaime Paz Zamora. Si le MIR paraît avoir totalement oublié la perspective révolutionnaire qui présidait à sa naissance, il présente, s'agissant de la coca, une position beaucoup plus ouverte que le reste des partis politiques boliviens. Les élections de 1989 constituent ainsi la première expérience de participation politique des *cocaleros* – lesquels, dans leur grande majorité, finissent par se prononcer en faveur de la coalition de gauche. Les structures politiques paysannes de l'Ouest bolivien sortent ainsi bouleversées de la décennie 1980.

Au même moment, l'est du pays voit surgir un mouvement qui se définit lui-même comme indigène. Dans cette région caractérisée par un grand vide organisationnel, deux vagues de réformes agraires (1953 et 1983) n'ont pas entamé la structure latifundiste du territoire. Trente ans après la Révolution Nationale, la Confédération des peuples indigènes de l'Est bolivien (en espagnol, Cidob◆, créée en 1982), l'Assemblée du peuple guaraní (1987), la Centrale des peuples indigènes du Beni (1987) et la Coordination des peuples ethniques de Santa Cruz (1994) quadrillent la contrée. Structuré autour de la défense du territoire, ce nouveau mouvement bénéficie du contexte international : la préservation de l'environnement revendiquée par diverses institutions et ONG commence à intégrer la question de la défense des peuples indigènes. Banque interaméricaine de développement, Nations unies et Banque mondiale financent ainsi les premiers programmes d'aide aux communautés locales (soutien technique, consolidation des organisations, etc.).

Le cas de la Cidob◆ est particulièrement représentatif de l'éclosion des organisations indigènes des basses terres. À l'origine de sa création se trouve en effet une ONG, Soutien à la paysannerie bolivienne, qui développe, comme beaucoup d'autres à l'époque, une stratégie de captation des financements[45]. Cette genèse commune à l'ensemble des organisations indigènes dans l'Est bolivien[46] a pour conséquence d'instaurer une dépendance directe de ces structures à l'égard des ONG qui les financent, ce qui conduit à une modération des revendications en raison de l'intérêt des ONG à maintenir de bonnes relations avec les gouvernements successifs. À cela s'ajoute le rôle de l'Église catholique, qui soutient activement les organisations indigènes les plus accommodantes. Par ailleurs, le mouvement indigène de l'Est bolivien ne conteste pas l'État central. Démographiquement minoritaires, persécutés par les oligarchies locales (négociants en bois, éleveurs ou compagnies pétrolières) et concurrencés par les paysans colonisateurs avides de nouvelles terres, les peuples indigènes des basses terres voient plutôt dans cet État un allié susceptible de les défendre. Contrairement aux Aymaras et aux Quechuas, majoritaires dans leur région et sans « ennemi proche ».

Paradoxalement, ce sont ces mêmes organisations non gouvernementales qui permettent aux deux « blocs indigènes » de se regrouper et, en définitive, de s'allier. Le 12 octobre 1992, la campagne célébrant les « Cinq cents ans de résistance des peuples indigènes » à la colonisation espagnole sert de cadre à l'unification des revendications des indigènes de l'*Oriente* comme de l'*Occidente* boliviens. On trouve parmi elles la défense de la feuille de coca, pourtant absente de la culture des Indiens d'Amazonie. Ce processus d'unité indigène et paysanne bénéficie alors de l'adoption par les *cocaleros* eux-mêmes d'un discours de type culturaliste centré sur la défense de la feuille sacrée, promue au rang de symbole de la dignité nationale face aux agressions de « l'empire ».

L'alliance des paysans et des indigènes se concrétise au cours des années suivantes. Des mobilisations telles que la Marche pour la vie, la coca et la souveraineté nationale de 1994 illustrent le succès rencontré par les *cocaleros* dans leur entreprise visant à faire de la défense de la coca une cause nationale. À travers ces marches longues de plusieurs jours, voire de plusieurs semaines, les *cocaleros* élaborent une mémoire collective fondée sur le sacrifice et l'héroïsme lors des affrontements toujours plus nombreux avec les forces de police et les groupes militaires chargés de l'éradication des champs de coca. La présence de gradés de l'armée étasunienne contribue également à l'émergence d'un discours nationaliste qui aidera plus tard à surmonter les effets du corporatisme syndical – et, par conséquent, à privilégier des perspectives politiques associant d'autres secteurs populaires victimes des politiques néolibérales comme du « colonialisme interne ». *¡Kawsachun coca, Wañuchun yanquis!* [« Vive la coca! À mort les Yankees! »] devient un cri de ralliement: Evo Morales ne l'oubliera pas au moment de conclure sa première conférence de presse en tant que premier président indien et *cocalero* de l'histoire de la Bolivie.

3

Entre le social et le politique : le MAS-IPSP

QUI EST EVO MORALES ?

Élu à la tête des six fédérations *cocaleras* de la région du Chapare en 1996, Evo Morales obtient l'année suivante un siège au Parlement, en récoltant plus de 70 % des voix dans sa circonscription*. Sur les bancs de la Chambre des députés, il dénonce la militarisation du conflit *cocalero* et la permanente répression dans le Chapare. Il lui arrive même d'invoquer le droit des paysans à résister militairement aux troupes chargées de l'éradication. Au grand scandale des élites politiques, qui décident d'en finir avec le leader syndical. En janvier 2002, la commission d'éthique du Parlement prononce la destitution du député Evo Morales en lui faisant endosser la responsabilité morale de la mort de quatre militaires et d'un policier, au terme d'un affrontement entre *cocaleros* et forces répressives : aux yeux d'une partie de la population, il devient « l'Indien » expulsé du Congrès par les « oligarchies de toujours ».

Evo Morales Ayma est né le 26 octobre 1959 à Orinoca, dans la province du Sud Carangas (département

---

* Similaire à celui de l'Allemagne, le système électoral bolivien compte des députés issus de scrutins uninominaux (c'est-à-dire élus dans leur circonscription) et des députés issus de scrutins plurinominaux (élus par le biais d'une liste complémentaire qui tient compte des résultats à la proportionnelle à l'échelle du département).

d'Oruro), près du lac Poopó. Quatre de ses sept frères et sœurs ont succombé à des maladies bénignes, en raison tant de l'extrême pauvreté de sa famille que de la précarité des infrastructures sanitaires. Son père travaille dans le nord de l'Argentine, où Evo l'accompagne parfois[47]. À seize ans, il devient entraîneur de la sélection de football de son canton, tout en terminant ses études secondaires, qu'il finance en enchaînant les emplois de maçon, de boulanger et de trompettiste. Dans les années 1980, la forte sécheresse qui sévit sur l'*altiplano* finit par convaincre la famille Morales de migrer vers le tropique de Cochabamba, une région où, avant eux déjà, quelques agriculteurs ont décidé de troquer la pomme de terre contre la coca, et l'aridité des Andes contre l'humidité tropicale. Footballeur accompli, Evo Morales est rapidement élu secrétaire aux sports du syndicat San Francisco. Il devient secrétaire général du syndicat en 1985 et, trois ans plus tard, secrétaire général de la Fédération du tropique. Tout titulaire de ce mandat est alors considéré comme un ennemi par Washington: *«J'ai connu des moments difficiles à Eterazama* [en 1997], *lorsque la DEA* [*Drug Enforcement Administration*, agence américaine de lutte contre le trafic de stupéfiants] *a tenté de me tirer dessus d'un hélicoptère, causant cinq morts en à peine quelques minutes. Au siège de l'Association pour les droits de l'homme, à Villa Tunari* [en 2000], *j'ai de nouveau été la cible d'une rafale, mais au bout du compte ils ne m'ont pas touché: la balle n'a fait que m'effleurer.»*

La première et unique session de l'Assemblée des peuples indigènes ouverte le 12 octobre 1992 est considérée comme l'acte de naissance du mouvement paysan-indigène en Bolivie. Le débat principal porte sur l'adoption de la thèse de l'instrument politique, une proposition défendue par les cultivateurs de coca et élaborée, on l'a vu, au sein de la Confédération syndicale unique des travailleurs paysans de Bolivie (CSUTCB◆), afin de fonder le « bras politique » des syndicats paysans. Au cours de ce débat, chacun s'accorde pour reconnaître l'insuffisance de la « forme syndicat ». *« Grâce à nos marches, à nos protestations sociales, nous avons pu signer un nombre incalculable de conventions et d'accords avec tous les gouvernements. Mais ces textes n'étaient jamais respectés. Les camarades nous demandaient souvent: "Quand ces conventions seront-elles appliquées?" Nous leur répondions: "Quand nous serons les détenteurs du pouvoir politique" »*, se rappelle Evo Morales.

LA THÈSE DE « L'INSTRUMENT POLITIQUE » ET LES FACTIONS AU SEIN DU MOUVEMENT PAYSAN

Les luttes internes au sein de la CSUTCB◆ privent l'assemblée de toute possibilité d'arriver à un consensus sur le projet politique. Tandis que les *cocaleros* défendent avec ardeur la thèse de l'instrument politique[48], les héritiers du courant katariste[49] le plus radical promeuvent « l'autodétermination des peuples autochtones ». Pour ces derniers, l'échec de l'expérience katariste est la preuve que toute forme de participation au jeu institutionnel exige une acceptation si entière des règles imposées par l'État qu'il ne peut en découler autre chose que l'affaiblissement de toute perspective émancipatrice, et la cooptation de ceux qui s'y prêtent. Face à la thèse de l'instrument politique, les kataristes radicaux proposent le « retour à l'*ayllu* » (la structure communautaire traditionnelle) en tant qu'espace d'autonomie face à « l'État colonial ». La division provoquée par la participation aux élections de ses deux principaux leaders, Víctor Hugo Cárdenas et Genaro Flores, a paru valider la thèse « pessimiste » sur les dangers intrinsèques du jeu politique institutionnel*. La situation nationale souligne l'importance du débat : l'avancée des « réformes » néolibérales, l'essoufflement de la Centrale ouvrière bolivienne et le reflux des mouvements sociaux obligent à redéfinir le rôle des syndicats.

LE « J'ACCUSE » KATARISTE

Dans les années 1970, de nouvelles générations d'indigènes urbains accèdent à l'université. Mais la discrimination raciale persiste, en dépit des promesses d'égalité associées à la promotion du métissage que le régime issu de la révolution de 1952 érige en horizon pour l'ensemble de la société. L'échec d'une réelle intégration des indigènes à la République est à l'origine de réflexions politiques qui rejettent le mirage du métissage et réhabilitent l'Indien comme figure centrale de la société bolivienne. *« Nous avons été exploités en tant qu'Indiens, en tant qu'Indiens nous nous libérerons »*, tel est le cri de guerre katariste adressé aux indigènes du monde rural qui, à cette époque, sont encore liés aux forces armées par le « pacte militaire-paysan »[50]. Les kataristes récupèrent la figure du héros aymara Túpac Katari, organisateur d'une importante rébellion anticoloniale dans les Andes en 1781, en contestant la biographie diffusée par une histoire officielle qui n'en faisait jusqu'alors qu'un innocent précurseur de l'indépendance bolivienne. Face à la gauche ouvrière traditionnelle, qui met l'accent sur les conflits de classes, les kataristes insistent sur la dimension ethnique de

* Devenu le courant syndical majoritaire dans le monde rural à partir des années 1970, l'indianisme katariste donne naissance à deux organisations politiques à la fin des années 1970 : le Mouvement révolutionnaire Túpac Katari (MRTK) et le Mouvement indien Túpac Katari (MITKA).

l'oppression vécue par les peuples indiens, majoritaires en Bolivie, et mettent en évidence la configuration particulière qui la favorise: ainsi voit le jour le concept de «colonialisme interne». Pour les kataristes, le défi consiste donc bien à «réveiller le géant qui dort», ces indigènes qui, d'après le recensement de 2001, représentent 62 % de la population bolivienne, regroupant plus d'une trentaine de groupes ethniques d'importance inégale[51].

Le monde rural est propice au développement de ce courant à la fois politique, syndical et culturel: les nouvelles générations de paysans, propriétaires de leurs terres grâce à la réforme agraire de 1953 et formés dans les écoles rurales républicaines, remettent progressivement en cause la subordination des syndicats au général René Barrientos, qui exerce le mandat de président entre 1964 et 1969. Celui-ci cherche pourtant à gagner le soutien des paysans pour mieux isoler les mineurs, qu'il soumet à une répression féroce. Au cours de sa présidence, les forces armées accomplissent un travail social des plus actifs dans les campagnes boliviennes, campagnes que le président lui-même ne cesse de parcourir, allant parfois jusqu'à y haranguer les masses paysannes en quechua. À travers la dénonciation sans concession de ce pacte militaire-paysan, le katarisme se convertit rapidement en un courant syndical majoritaire au sein du monde paysan. Cependant, ses incursions dans la politique partisane se révèlent beaucoup plus chaotiques et font la part belle aux divisions[52].

Le Mouvement révolutionnaire Túpac Katari (MRTK) compte au nombre de ces fractions. Il adopte la posture la plus flexible face à la gauche traditionnelle et assume ouvertement une part de l'héritage de la révolution de 1952. En 1993, le multiculturalisme promu par certaines institutions internationales et ONG s'est imposé au sein de la classe politique. C'est dans les rangs de l'une des scissions du MRTK que Gonzalo Sánchez de Lozada,

alors candidat du MNR à la présidence, trouve un indigène susceptible de compléter son ticket présidentiel. L'intellectuel aymara Víctor Hugo Cárdenas devient vice-président de la République.
Le Mouvement indien Túpac Katari (MITKA) refuse pour sa part la collaboration avec des courants politiques de gauche dénoncés comme *q'aras* (terme signifiant « dénudé » en aymara, mais souvent synonyme de « traître » dans le langage populaire). Mettant l'accent sur les symboles et les modèles organisationnels propres au monde indien, cette formation défend une interprétation radicale du katarisme ; elle prône le sécessionnisme, premier pas vers la reconstitution d'un État indigène. De ce mouvement naît dans les années 1990 l'Offensive rouge des *ayllus* tupackataristes, une organisation devenue célèbre grâce à son bras armé, l'Armée guérillera Túpac Katari (EGTK), qui promeut une insurrection indigène massive. Cette aventure vaudra une peine de cinq ans de prison à ses principaux cadres politiques, parmi lesquels Felipe Quispe et le futur vice-président d'Evo Morales, Álvaro García Linera.
Grâce à ses élaborations théoriques et ses expérimentations pratiques, le katarisme s'est incontestablement imposé comme le moteur de la transformation du mouvement paysan en protagoniste politique et social de premier plan, capable, à partir des années 1980, de rivaliser avec le mouvement ouvrier et minier. Il demeure l'un des « cadres interprétatifs » auxquels recourt le gouvernement d'Evo Morales pour structurer son discours et son idéologie.

En dépit de son apparente originalité, la thèse de l'instrument politique défendue par les *cocaleros* s'inscrit dans la tradition : historiquement, les syndicats boliviens ne se sont jamais bornés à défendre la valeur de la force de travail et ont toujours entretenu des liens plus ou moins directs avec la politique nationale*. La gauche elle-même cherchait à légitimer ses propres programmes auprès de la COB◆ : chaque congrès fournissait aux différents partis représentés l'occasion de soumettre au débat, puis au vote leurs propres textes d'orientation politique. Le caractère éminemment politique des syndicats apparaît particulièrement dans les zones rurales, où ils se superposent aux structures communautaires préexistantes pour former des « microgouvernements » locaux[53].

Conçu comme une fédération de mouvements sociaux, l'instrument politique proposé par les *cocaleros* est censé subir le contrôle permanent des organisations syndicales. Ses partisans tentent de prouver que la participation politique ne dissout pas mécaniquement le lien « organique » avec les bases, et qu'il est possible d'éviter les échecs rencontrés naguère par le katarisme. Si l'Assemblée des peuples indigènes ne parvient pas à se convertir en une instance de pouvoir, les cultivateurs de coca réussissent toutefois à y populariser leur thèse. Au point d'en faire une stratégie majoritaire au sein d'un mouvement paysan qui, en 1994, l'adopte comme telle lors du VIe Congrès de la Confédération des paysans boliviens (CSUTCB◆), à Cochabamba. Un an auparavant, en 1993, les *cocaleros* et l'ensemble des paysans avaient décidé d'une nouvelle expérience de participation électorale en s'alliant avec plusieurs petites formations de gauche pour créer l'*Eje Pachakuti* (l'Axe Pachakuti[54]).

Cette campagne de 1993, la première pour le mouvement paysan en tant que tel, constitue une expérience

* Ce que montre l'exemple du cogouvernement proposé par le MNR◆ à la COB◆ après la Révolution Nationale de 1952, dans lequel la centrale syndicale se voyait octroyer quatre ministères dits « ouvriers » et un droit de veto sur la politique minière du gouvernement.

difficile autant qu'une source d'apprentissage. Le coup dur vient de la « trahison » de l'aile modérée du katarisme : alors qu'une majorité du mouvement paysan souhaitait faire de lui son candidat à l'élection présidentielle, Víctor Hugo Cárdenas se rallie à Gonzalo Sánchez de Lozada et au MNR◆, un parti converti depuis fort longtemps au néolibéralisme. Une fois la présence du katariste aux côtés de « Goni » officialisée, le mouvement paysan perd la seule figure de dimension nationale sur laquelle pouvait s'appuyer le front électoral qui unissait la gauche et la paysannerie. L'épisode est qualifié ironiquement de « kataclysme »[55] par les militants.

La première leçon tirée du scrutin de 1993 porte justement sur la relation entre la paysannerie et la gauche. La campagne électorale, menée dans des conditions rudimentaires, s'achève sur une surprise : l'*Eje Pachakuti* parvient à faire élire un député à La Paz. Cependant, en lieu et place de Secundino Montevilla, un cultivateur de coca des Yungas désigné candidat par son organisation syndicale, le député élu n'est autre que son suppléant, un conseiller du mouvement *cocalero*, qui, au moment de rendre les listes à la Cour nationale électorale, a réussi à « convaincre » le dirigeant paysan de lui céder sa place de titulaire. Ce geste, qui aurait pu être perçu comme une simple manipulation de la part d'un conseiller issu de la classe moyenne et rompu aux mécanismes de la bureaucratie d'État, est finalement interprété par les paysans comme une tentative de la gauche « blanche et créole » de maintenir des relations de type colonial avec les indigènes. La rupture, toutefois, n'est pas totale : une partie significative du mouvement paysan-indigène demeure alliée à l'*Eje Pachakuti*, lequel devient peu à peu une authentique école politique. De nombreux cadres du MAS-IPSP◆ en sont issus, dont certains siégeront plus tard au gouvernement. Parmi eux, le président du Sénat au cours de l'année 2006, Santos Ramírez, l'ex-ministre du Développement rural (Agriculture) Hugo Salvatierra, ainsi que l'ex-dirigeant *cocalero* Felipe Cáceres, vice-ministre de la Défense sociale (chargé de la lutte contre le narcotrafic) en 2007.

En dépit des divisions qui lézardent le mouvement paysan au lendemain des élections de 1993, la majorité de la Confédération syndicale unique des travailleurs paysans de Bolivie décide de construire son propre instrument politique. En 1995, lors du congrès « Terre, territoire et instrument politique », à Santa Cruz de la Sierra, la fameuse thèse se concrétise par la création de l'Assemblée pour la souveraineté des peuples (ASP◆). Ses premières orientations en font l'instrument d'une lutte pour une Bolivie « socialiste, multinationale et communautaire ». Une perspective à première vue éclectique résultant de l'articulation de la « lutte nationale » avec la « lutte des classes ». Quatre organisations participent à cet acte fondateur : la Confédération des paysans de Bolivie (CSUTCB◆), la Confédération des colonisateurs (CSCB◆), la Cidob◆ et la Fédération nationale des femmes paysannes de Bolivie-Bartolina Sisa* (FNMCB-BS◆). Alejo Véliz, un paysan des vallées de Cochabamba, est désigné leader de la nouvelle formation, dont la direction nationale compte des représentants des différentes organisations sociales et syndicales participantes.

L'ASP◆ est à peine créée que se profile déjà un nouveau rendez-vous électoral d'importance : les élections municipales, cette même année. La promulgation de la loi de participation populaire, impulsée en 1994 par le gouvernement de Sánchez de Lozada, a produit une « municipa-

* Bartolina Sisa était la compagne de Túpac Katari.

lisation» du pays: plus de trois cents nouvelles municipalités ont été constituées. Pour la première fois, le mouvement peut rêver de succès électoraux. Grâce notamment aux structures de base des syndicats paysans, la territorialisation de son influence politique constitue un atout pour ce type de scrutin. Mais l'ASP◆ ne dispose pas de la personnalité juridique nécessaire pour se présenter. Et les formalités administratives requises rendent son obtention quasi impossible. Il lui faut une nouvelle fois s'allier avec les partis de gauche, en dépit d'un passé fait de défiance et de suspicion. C'est la coalition Gauche unie qui bénéficie (à nouveau) de ce soutien providentiel. Les résultats illustrent les progrès accomplis par le mouvement du point de vue organisationnel: avec 49 conseillers municipaux, l'ASP◆ parvient malgré son jeune âge à remporter pas moins de dix mairies, principalement concentrées dans le département de Cochabamba. Le VIIe Congrès de la CSUTCB◆, réuni à Santa Cruz en 1996, puis le IIe Congrès «Instrument politique et territoire», en janvier 1997, permettent une réunification temporaire du mouvement paysan, dont la hiérarchie était ébranlée par l'ascension d'Evo Morales. Cette unité sera l'un des ressorts des futurs succès électoraux. Lors des élections générales, la Gauche unie obtient en effet quatre députés uninominaux dans le département de Cochabamba. Parmi eux, Evo Morales, élu aux côtés du secrétaire exécutif de la CSUTCB◆ de l'époque, Román Loayza. «*Nous n'étions que quatre députés, sans aucune expérience parlementaire, et nous partagions un seul et même appartement*», se souvient le président de la République bolivienne.

Parvenant à surmonter les oppositions internes, Evo Morales crée en 1998 l'Instrument politique pour la souveraineté des peuples (IPSP). Parallèlement, la CSUTCB◆ examine les moyens de se prémunir, sur le plan syndical, contre les divisions existant sur le plan politique. D'où l'élection « par consensus » de l'ex-katariste radical Felipe Quispe au poste de secrétaire exécutif de la confédération ; l'homme sort tout juste de prison, où il séjournait en raison de sa participation à la guérilla de l'EGTK. Il s'écoule peu de temps avant que Quispe, également connu sous le nom de « Mallku », n'engage une lutte interne. Élaborant sa propre orientation politique autour d'un projet d'autonomie indigène, il fonde finalement en 2000 son propre parti : le Mouvement Indigène Pachakuti (MIP◆). L'initiative n'a rien d'une aventure en solitaire. Felipe Quispe dispose à l'époque du soutien d'une solide base sociale, dont l'unité s'est encore raffermie avec les soulèvements aymaras de la période 2000-2001.

De son côté, Evo Morales tente de renforcer son propre projet politique. À l'occasion des élections municipales de 1999, il récupère le sigle du Mouvement vers le Socialisme (MAS), un petit parti ouvrier en déclin mais pourvu d'une personnalité juridique. Simultanément, « l'instrument politique » assume un profil plus *« antinéolibéral »* et *« anti-impérialiste »* qu'*« anticapitaliste »*. Les références au socialisme dans les discours des dirigeants tiennent plus de la tentative de reformulation d'un communautarisme indigène diffus que de l'expression d'une tradition marxiste. Quant à la défense de la coca, elle est de plus en plus synonyme de défense de la *« dignité et de la souveraineté »* nationales. L'un des axes du parti d'Evo Morales est illustré par le slogan « coca = souveraineté », dans un contexte marqué par les ingérences de l'ambassade américaine et par les premières victimes de la guerre de basse intensité menée contre la culture et les cultivateurs de coca. Un second axe s'articule d'ailleurs autour de la charnière « coca = identité ». Ces deux consignes se veulent opposées à la formule « coca = cocaïne », chère aux États-Unis et aux conservateurs locaux[56].

Chaque assemblée générale du Mouvement vers le Socialisme permet d'observer la mise en scène de la suprématie syndicale au sein de « l'instrument politique » : les organisations membres occupent généralement la tribune, tandis que les parlementaires (et, plus tard, les ministres) sont relégués dans la salle. Symboliquement, le mandat syndical apparaît donc plus important que le mandat électif issu de la démocratie représentative : soumis à un fort contrôle, il a valeur de mandat impératif dans la mesure où parlementaires et ministres ont l'obligation de rendre régulièrement des comptes sur leur activité aux organisations syndicales. Cette articulation du politique et du social fera preuve d'une redoutable efficacité électorale, en partie due à la capacité du MAS, et d'Evo Morales en personne, à se lier aux populations urbaines (comme lors de la mise en place de la Coordination de l'eau de Cochabamba, en 2000) et à porter dans la sphère institutionnelle les revendications des luttes contre le modèle économique néolibéral en vigueur en Bolivie depuis 1985.

INDIANISME, MARXISME ET NATIONALISME RÉVOLUTIONNAIRE : LE SYNCRÉTISME IDÉOLOGIQUE DU MAS

Le MAS est-il l'héritier de l'indianisme katariste* des années 1970 ? Faut-il plutôt le resituer dans la matrice nationaliste révolutionnaire qui fit irruption lors de la Révolution Nationale de 1952, puis se manifesta par

* Le katarisme est un courant de l'indianisme ; le terme d'« indianisme katariste » est ici utilisé pour plus de clarté.

intermittence au cours des années 1970 et 1980 ? S'agirait-il d'une « nouvelle gauche » influencée par la « vieille gauche » marxiste ? Sans doute la réponse est-elle partiellement affirmative dans les trois cas, tant le discours des dirigeants du MAS s'apparente à un bricolage de références puisées dans ces trois courants de pensée majeurs de la vie politique bolivienne. Un bricolage d'autant plus aisé qu'au sein du MAS, les orientations ne s'expriment pas à travers des courants internes, comme dans un grand nombre de partis, mais par le biais de positions que défendent individuellement chacun de ses dirigeants, avec le soutien de ses bases. Cette logique est alimentée par l'adoption du syndicat comme élément de structuration d'un parti construit comme un simple instrument politique. Dans les congrès du MAS, chaque délégué présente sa position sans polémiquer avec les autres, et sans que jamais se développe un débat politique et idéologique de fond. Les trois orientations n'ont donc jamais réellement constitué un carrefour à partir duquel aurait pu naître une nouvelle doctrine politique. De fait, l'articulation entre indianisme, marxisme et nationalisme révolutionnaire est contingente, les dirigeants du MAS adaptant leur recours à chacune de ces « ressources idéologiques » en fonction de la conjoncture politique. Au cours des années 2000, le marxisme est par exemple relégué au second plan par rapport aux deux autres courants.

Si, en Bolivie, l'idée de nation s'est consolidée sous les auspices de la révolution de 1952 et du nationalisme révolutionnaire théorisé par des penseurs tels que Carlos Montenegro ou Augusto Céspedes, elle n'en a pas moins connu de fortes mutations. L'idéal nationaliste, en effet, a intégré une dimension ethnique et culturelle sous l'influence du katarisme des années 1970. Ce mouvement remettait en cause la citoyenneté, conçue dans le cadre du nationalisme révolutionnaire comme métisse et homogénéisante, et dénonçait la survivance d'un *«colonialisme interne»* au-delà de l'égalité formelle qu'était censé garantir l'État. En Bolivie, avoir la peau blanche reste un élément structurant des rapports de domination.

Le thème de la nation multiculturelle germe pour sa part dans le contexte d'hégémonie néolibérale des années 1990. Il trouvera une traduction politique dans l'alliance entre Sánchez de Lozada et l'Aymara Víctor Hugo Cárdenas entre 1993 et 1997. En tant que président du Congrès, Cárdenas plaide pour que le premier article de la Constitution politique d'État reconnaisse le caractère *«pluriculturel et multiethnique»* du pays. Il promeut également une éducation *«interculturelle bilingue»*. Ces mesures bénéficient, on l'a vu, de généreux financements internationaux et du soutien d'ONG soucieuses du sort des *«minorités vulnérables»*. Néolibéralisme, mondialisation et diversité sont d'autant plus complémentaires que la reconnaissance de la diversité et le remplacement de la classe par l'ethnie ou la culture s'intègrent pleinement aux politiques d'affaiblissement des États menées par les instances transnationales. Mais la recomposition néolibérale de l'idée de nation multiculturelle connaît un échec cinglant: si Cárdenas est plébiscité par la communauté internationale et les classes moyennes boliviennes, les communautés elles-mêmes ne s'identifient pas à son projet[57]. En Bolivie, les indigènes ne constituent pas une «minorité vulnérable», mais une majorité de la population exclue du pouvoir par les tenants d'un modèle néocolonial qui ne fut que superficiellement affecté par l'application des réformes «multiculturalistes». Comme avaient coutume de le dire les premiers kataristes, en Bolivie, les indigènes souffrent d'une double oppression: ethnique et de classe.

Les mouvements paysan et indigène proposent une vision nouvelle du projet multiculturel. Il n'y est plus conçu comme un élément fonctionnel à l'horizon néolibéral, mais reformulé à travers un discours *« nationaliste plébéien*[58] ». Si l'idée nationale fut élaborée par la classe moyenne urbaine (qui l'envisageait comme le support du *« métissage »*[59]), puis brandie par les cadres du mouvement ouvrier lors des luttes pour le rétablissement de la démocratie dans les années 1970 et 1980[60], il s'agit désormais de repenser cette même idée à partir de la vision d'une Bolivie plébéienne *« unie dans la diversité »* contre un adversaire : l'impérialisme. Le clivage opposant nation et antination, qui fut fondamental dans l'idéologie nationaliste révolutionnaire, reprend corps. Même Felipe Quispe, contempteur de l'État colonial bolivien et partisan de l'autonomie aymara, ne peut s'y soustraire dans des conjonctures de crise telles que la « guerre du gaz » d'octobre 2003. Ces changements donnent lieu à un processus d'« ethnicisation » de la politique. L'indianité, de tout temps synonyme d'obéissance et d'infériorité, devient une source de capital politique. Dans la vie politique bolivienne, les langues indigènes, les vêtements et symboles « traditionnels » sont soudain valorisés, en particulier dans les campagnes et les quartiers les plus populaires des principaux centres urbains. Les Indiens d'aujourd'hui sont donc des « Indiens nationalistes », et non les « Indiens postmodernes » pleinement intégrés à la société néolibérale dont rêvaient les élites politiques des années 1990.

Cette généalogie du renouveau nationaliste bolivien permet de comprendre les références idéologiques du MAS. Au cours de sa formation politique, Evo Morales s'est nourri de ces débats autour des idées de nation et de bolivianité. Mais qu'en est-il du marxisme ? Le mentionner comme l'un des axes idéologiques du Mouvement vers le Socialisme ne signifie pas que la doctrine marxiste y occupe une place significative, mais rend plutôt compte de la persistance d'une analyse en termes de classes qui, historiquement, a toujours existé au sein du mouvement indigène – un mouvement qui se perçoit également comme paysan. Le «marxisme minier», comme celui de l'intelligentsia qui accompagna la création de «l'instrument politique», a eu une influence indéniable sur le mouvement paysan. Mais celle-ci s'exerçait dans un contexte de crise internationale de la gauche et du «socialisme réel». Cette remise en cause a conduit bien des militants à tourner la page du marxisme pour adopter le nationalisme indigène émergeant, moins sujet à discussion au sein de la nouvelle scène politique et intellectuelle. Une reconversion brutale qui, dans bien des cas, s'apparentait à une stratégie de survie plus ou moins consciente alors que le champ politique était en plein bouleversement[61].

Au sein du MAS, ce n'est pas la classe, mais le peuple qui occupe une place centrale: non pas un peuple homogénéisé par une classe, au sens marxiste du terme, mais un peuple qui s'oppose à l'oligarchie dans le cadre d'une sorte d'alliance de classes, comme le veut son acception populiste[62]. Dans ce cadre, les *«ennemis du peuple»* sont ceux qui, dans le pays même, ne sont pas de *«vrais Boliviens»* et agissent en fonction d'intérêts étrangers: une «antination». Le rejet du néolibéralisme structure le discours des dirigeants du MAS. Dans leur programme, une telle position se traduit par le rétablissement du contrôle de l'État sur les activités stratégiques de l'économie, telles que les ressources naturelles ou les services publics. En ce sens, le MAS incarne une gauche réformiste, qui propose d'engager un processus de *«décolonisation du pouvoir»* ainsi qu'une renationalisation de l'économie et un rétablissement de la souveraineté de l'État. Axe central de mobilisation des mouvements sociaux boliviens à partir de 2003, la nationalisation des ressources naturelles est bien plus qu'une revendication économique : elle identifie les indigènes comme les meilleurs défenseurs d'une nation pillée par les forces étrangères acoquinées aux élites locales*.

Le MAS s'empare également de la défense de la démocratie représentative et reprend à son compte l'idée de conquête populaire, auparavant incarnée par le mouvement de masse ouvrier et paysan qui s'opposa en novembre 1979 au coup d'État d'Alberto Natusch Busch. Cependant, à la différence du passé, il ne s'agit pas d'une phase de transition vers le socialisme (ou révolution par étapes), mais d'une *« refondation du pays permettant d'intégrer celles et ceux qui n'ont pas participé à la fondation de la Bolivie »*.

* Deux des termes les plus courants pour caractériser ces élites converties au néolibéralisme sont *entreguista*, venant du verbe *entregar* (« donner »), et *vendepatria*, signifiant littéralement « celui qui vend la patrie ». Fait significatif, ces termes étaient également utilisés contre la *rosca minera-feudal* (« clique féodale minière »), structurée autour des familles Patiño, Aramayo et Hochschild, qui possédaient la quasi-totalité des mines boliviennes tout en dominant l'appareil d'État. Clique à laquelle s'opposa la révolution de 1952, au nom de la lutte contre « l'antination ».

4

Quand l'histoire s'accélère (2000-2005)

NATIONALISME ET CONQUÊTES ÉLECTORALES

Comme les participants aux soulèvements indigènes de 2000 et 2001, les protagonistes de la guerre de l'eau de Cochabamba en 2000 n'avaient certainement pas conscience de prendre part à des événements qui marqueraient un tournant dans l'histoire bolivienne. Le cycle de blocage des routes, entre 2000 et 2001, révèle la capacité des Aymaras à expulser les représentants du pouvoir d'État et à les remplacer par un complexe système d'autorités traditionnelles (assemblées générales, comités de blocage, exercice de la justice, etc.). Les protestataires tiennent tête à l'armée. Ils organisent le mouvement à partir du quartier général de Q'alachaka, véritable état-major des forces populaires aymaras mobilisées[63], tandis que dans plusieurs communautés de l'*altiplano*, les policiers chassés sont temporairement remplacés par une « police syndicale ».

À partir d'une position marginale au sein du champ politique, le Mouvement vers le Socialisme s'engage dans une voie sinueuse, oscillant entre politique institutionnelle et politique contestataire, qui le conduira à la victoire électorale de 2005. Les attaques menées contre le MAS par les partis traditionnels s'intensifient en janvier 2002, après l'expulsion du député Evo Morales hors du Parlement. Quelques semaines auparavant, le gouvernement de Jorge « Tuto » Quiroga (2001-2002) avait décrété la fermeture des marchés de coca où s'écoule la production du Chapare, une zone qualifiée d'« excédentaire » et donc soumise à l'éradication. Le 15 janvier 2002, une manifestation de *cocaleros* à Sacaba, près de Cochabamba dégénère en affrontement sanglant entre policiers et militaires d'un côté, et cultivateurs de coca de l'autre. Ce conflit long de plus de quatre jours se solde par un bilan de neuf victimes : cinq paysans, trois soldats et un policier. De nombreux *cocaleros*, accusés de « sédition » et d'« assassinat », sont emprisonnés.

Dans ce contexte, le climat anti-*cocalero* ne cesse de s'alourdir. Un éditorial du journal *La Prensa* (La Paz, 19 février 2002) évoque des rapports des services secrets relatifs à la présence à Sacaba de *« francs-tireurs étrangers »* (soupçonnés de venir de Colombie) et rappelle les fréquents voyages à Cuba d'Evo Morales. Le lendemain, un autre éditorial du même journal revient sur l'orientation *« séditieuse »* d'un mouvement *cocalero* infiltré par des *« terroristes »*, ainsi que sur la nécessité de *« neutraliser Evo Morales »*. Quelques jours à peine après le conflit de Sacaba, le siège de la fédération *cocalera* du tropique – situé sur la place Germán Busch à Cochabamba – est pris d'assaut par une unité policière de choc. Une centaine de paysans sont arrêtés. Parmi eux, vingt et un dirigeants. Pendant ce temps, les autorités exigent l'interruption de la radio *cocalera* Soberanía (« souveraineté »), qui émet du Chapare. Selon des rapports publiés par la *defensoría del pueblo**, le bilan de la militarisation du conflit entre 1987 et 2002 est de 57 *cocaleros* morts, plus de cinq

* La *defensoría del pueblo* est l'équivalent en Bolivie du médiateur de la République français, chargé d'améliorer les relations des citoyens avec l'administration d'État.

cents blessés par balle et quatre mille détenus dans les geôles de la police. Paradoxalement, ces circonstances offrent à Evo Morales l'occasion d'affermir sa position de dirigeant d'envergure nationale. Il se veut le représentant des *«exclus»* victimes du système politique bolivien et de *«l'impérialisme* yanqui». *«Mon exclusion du Parlement, je la dois à la classe politique corrompue et décadente qui représente le modèle économique actuel et aspire à être le bon élève de l'ambassade des États-Unis»*, dénonce le *cocalero* juste après l'annonce de la sentence par la commission d'éthique du Parlement. Sa campagne électorale est lancée[64]. Lorsqu'il présente sa candidature à la présidence de la Bolivie, Morales jouit déjà d'une audience importante.

Si le MAS est parvenu à s'implanter dans les quartiers les plus pauvres, et dans les secteurs victimes des politiques économiques «d'ajustement» promues par le Fonds monétaire international (FMI), sa campagne pour les élections générales de 2002 vise une percée au sein de la classe moyenne. Dans cette optique, le Mouvement vers le Socialisme sélectionne un candidat à la vice-présidence représentatif de la petite bourgeoisie: Antonio Peredo, un journaliste connu pour son engagement guévariste. Ce choix reflète le processus d'intégration massive d'anciens militants de gauche, nationalistes et indianistes urbains, sur les listes de candidats du MAS. Ainsi convergent en son sein d'ex-militants de la gauche ouvrière engagés de longue date dans le mouvement paysan-indigène en qualité de conseillers, tel l'ancien mineur et dirigeant trotskiste Filemón Escobar, qui commença à travailler auprès des *cocaleros* à partir du milieu des années 1980.

Dans les médias, le candidat libéral Gonzalo Sánchez de Lozada et l'ex-militaire Manfred Reyes Villa recourent aux méthodes de la *guerra sucia* [« guerre sale»] en diffusant des spots qui exploitent les zones sombres du passé de leurs adversaires. Avec une campagne centrée sur l'activité de ses organisations de base, le MAS reste largement à l'écart de cette campagne « officielle ». La candidature d'Evo Morales déborde toutefois la sphère d'influence traditionnelle des syndicats paysans et des organisations indigènes. Il pénètre les villes grâce à l'aide involontaire que lui procurent les déclarations agressives de Manuel Rocha, alors ambassadeur des États-Unis. Lors d'un discours prononcé à Chimoré (dans la région du Chapare), le diplomate rappelle à ceux qui *« souhaitent que la Bolivie redevienne un exportateur de cocaïne de premier plan que ce résultat pourrait remettre en cause à l'avenir l'aide des États-Unis à la Bolivie »*. Puis il ajoute : *« Une Bolivie dirigée par des gens qui ont tiré profit du trafic de stupéfiants ne peut espérer que les marchés des États-Unis se maintiennent ouverts pour les exportations traditionnelles de textile »* (*La Razón*, La Paz, 28 juin 2002). Rocha avait auparavant comparé les *cocaleros* aux talibans afghans (*La Prensa*, La Paz, 15 février 2002).

Dans un contexte d'ingérence étasunienne croissante en Amérique latine (en avril 2002, le président vénézuélien Hugo Chávez échappe à une tentative de coup d'État implicitement soutenue par Washington), ces déclarations font l'effet d'une bombe. La campagne du MAS est radicalement réorientée contre les ingérences permanentes de « l'empire ». Son slogan *« Bolivien, c'est toi qui choisis qui commande : Rocha ou la voix du peuple »* n'est pas sans rappeler l'un des mots d'ordre d'un autre courant nationaliste d'importance en Amérique latine, incarné dans les années 1940 par l'Argentine de Juan Perón : *« Braden* [l'ambassadeur américain qui soutenait l'opposition] *ou Perón »*. Cette polarisation accentue la fracture entre le MAS et ses adversaires, désignés comme *entreguistas* [« soumis aux intérêts de l'étranger »]. Tandis que la plupart des partis politiques « traditionnels » faisaient de la possession du visa pour les États-Unis un prérequis pour pouvoir se porter candidat – le retrait ou le refus du sésame par l'ambassade américaine étant synonyme de corruption –, Evo Morales déclare que *« sans visa,* [il se sent] *plus libre, plus digne, plus souverain »* (*La Prensa,* La Paz, 15 février 2002). Pour faire bonne mesure, le candidat syndicaliste affuble l'ambassadeur étasunien Manuel Rocha d'un surnom : *« mon chef de campagne »*.

Morales est en deuxième position aux élections générales de juin 2002[65]. Le vainqueur, Gonzalo Sánchez de Lozada, l'avait emporté la première fois en 1993 en s'affichant comme un allié des peuples indigènes. Mais, pour la première fois dans l'histoire bolivienne, un paysan est « présidentiable » : c'est un séisme politique. Si l'*altiplano* de la région de La Paz demeure le bastion du MIP◆ de Felipe Quispe, preuve de l'enracinement de ce parti dans les régions aymaras, le MAS enregistre des scores impressionnants dans les régions *cocaleras* du Chapare et dans les Yungas de La Paz, où prédomine un vote corporatiste. Le MAS l'emporte aussi à Oruro, à El Alto et dans les quartiers populaires des villes de la région andine, telle la circonscription sud de Cochabamba[66]. S'il s'impose nettement dans l'ouest du pays (où vivent les *collas*), il doit étendre son influence dans l'Est (territoire des *cambas*) afin d'accéder au pouvoir. Il y parviendra en partie lors des élections de décembre 2005.

Pour le mouvement paysan-indigène, les surprises de ce scrutin ne se limitent pas aux résultats du MAS : avec presque 6 % des voix, Felipe Quispe parvient à se faire élire député. Malgré une deuxième place qui lui donne de fait le droit de se porter candidat à la présidence au cours d'un second tour indirect, Morales choisit de ne s'allier avec aucun des partis traditionnels. Érigeant une frontière entre lui – le « candidat honnête » – et les autres – « corrompus et *entreguistas* » –, il renonce de fait à une possible victoire. Cette décision laisse alors le champ libre à une réélection de Gonzalo Sánchez de Lozada, à la tête d'une alliance dite « de responsabilité nationale » incluant le MNR et le MIR. La surprenante percée des partis issus du mouvement paysan-indigène illustre toutefois le vent de changement qui secoue le pays – et qui ne tardera pas à souffler en tempête sur « Goni » et son équipe.

Au sein du MAS, le succès remporté accentue la tendance à l'ouverture vers de nouveaux groupes sociaux, au-delà des frontières traditionnelles des secteurs paysan et indigène. Les résultats électoraux pour le moins surprenants obtenus par « l'instrument politique » se traduisent par l'irruption d'un groupe parlementaire composé de vingt-sept députés (sur cent trente) et huit sénateurs (sur vingt-sept) : deuxième groupe derrière le MNR◆ de Sánchez de Lozada, le MAS devient le premier parti d'opposition. La stratégie consistant à intégrer des personnalités représentatives des classes moyennes urbaines, souvent invitées par Evo Morales en personne, se répercute sur la composition du groupe parlementaire. D'un point de vue social, son hétérogénéité est extrême. En son sein, chaque député ne connaît souvent pas plus de deux ou trois de ses collègues. Le travail ne s'en trouve pas facilité. De plus, pour les paysans et les indigènes, confrontés à un Parlement dont la logique de fonctionnement a peu à voir avec les pratiques du syndicalisme paysan, le coût de la conversion du « capital militant », forgé sur le terrain des luttes sociales, pour l'adapter à un cadre institutionnel s'avère particulièrement élevé.

Les leaders syndicaux ou communautaires voient parfois leur intégration à l'Assemblée entravée par le racisme que manifestent certains députés et sénateurs d'autres formations politiques. « *Certains nous regardent avec dédain,* commente par exemple en 2004 l'ex-députée indigène Isabel Ortega, aujourd'hui sénatrice pour Oruro. *Au début de notre mandat, quelques-uns faisaient des commentaires sur la façon dont on s'habillait. D'autres en sont même venus à dire que nos vêtements étaient la preuve que nous n'avions rien à faire dans le Congrès, et que notre place était à la campagne. D'autres encore se moquaient de nous à cause des fautes que nous commettions en parlant espagnol. Ils ne respectent même pas nos propres langues, telles que l'aymara, le quechua et le guaraní.* » Le groupe parlementaire se transforme néanmoins en un pilier du MAS, et de nouveaux porte-parole issus des classes moyennes entrent en scène aux côtés d'Evo Morales. Ils commencent à occuper l'espace public en tant que membres du Congrès et même du MAS. Au sein du groupe, cette nouvelle représentation devient source de tensions, laissant même entrevoir la possibilité d'une fracture: les députés et sénateurs de gauche sont peu à peu désignés comme les « parlementaires du MAS », alors que, en tant qu'invités, ils sont aussi étrangers au projet originel de « l'instrument politique » que l'est le sigle même du MAS, initialement employé à la seule fin de permettre la participation de l'IPSP aux élections.

La situation renforce la position d'Evo Morales. Dirigeant syndical reconnu au sein du secteur *cocalero*, indiscutable chef de parti et artisan de la venue d'intellectuels et d'ex-militants de gauche, Morales devient l'articulation entre les secteurs sociaux toujours plus diversifiés qui s'agrègent au MAS. Face aux nouvelles organisations qui intègrent le parti, sa légitimité lui permet de régler, souvent personnellement, les différends générés par cette complexe ingénierie politique. Morales se transforme en un stratège soucieux d'équilibrer action parlementaire et revendication dans un contexte où, parallèlement aux succès électoraux du MAS, les mobilisations sociales continuent à se développer.

LA « GUERRE DU GAZ » D'OCTOBRE 2003

En février 2003, la création d'un impôt sur les salaires déclenche une mutinerie policière violemment réprimée par l'armée. Malgré ce « février noir » et la vague de manifestations populaires qui s'ensuit, le pouvoir de Gonzalo Sánchez de Lozada paraît consolidé. Au mois de juin 2003, le mandataire néolibéral parvient même à concrétiser ce qui apparaît comme l'aspiration ultime de tout gouvernement : une « mégacoalition » unifiant les principales forces politiques du pays au nom de la défense de la démocratie. Seuls le MAS d'Evo Morales et le MIP◆ de Felipe Quispe restent à l'écart.

Cependant, le mécontentement populaire prend une ampleur sans précédent lorsque sont rendus publics les projets d'exportation de gaz vers le Mexique et les États-Unis par le Chili[67], un pays qui s'appropria le littoral maritime bolivien à l'issue de la guerre du Pacifique (1879-1884). Dans un pays où la majorité des foyers ne disposent pas d'un raccordement au gaz, l'ambition gouvernementale est perçue comme le prolongement d'une histoire nationale marquée par le saccage de ressources naturelles dont la société n'a jamais pu bénéficier. L'image de sites miniers laissés en ruine au milieu d'un océan de misère et de pauvreté symbolise cette période durant laquelle l'oligarchie dominait tout. Rien d'étonnant donc à ce que la réappropriation des ressources naturelles ait été au cœur des revendications populaires de ces cinq dernières années.

Le nationalisme antichilien qui caractérise les premières semaines de mobilisation (*« Non à l'exportation de gaz par les ports chiliens »*) se transforme graduellement en une remise en cause plus générale de la politique économique néolibérale du gouvernement. Peu importe par quel port serait exporté le gaz *« si les bénéfices sont destinés à finir dans les caisses d'une poignée de compagnies transnationales »**. Felipe Quispe synthétise l'ensemble des représentations à l'œuvre derrière ce que l'on percevait déjà comme la « guerre du gaz » : *« Il est bien évident que, si cette affaire se conclut, la Bolivie ne recevra que des miettes en guise de royalties. Par ailleurs, tandis que la Californie pourra allumer ses néons chaque nuit grâce au gaz bolivien, ici, dans l'*altiplano, *nos frères continueront à cuire leurs aliments avec de la bouse de vache et d'âne, comme ils le font aujourd'hui. C'est pour cela que ce projet n'est pas viable, qu'il n'est pas digne d'être mené à son terme, d'un point de vue tant économique que politique. Il faut d'abord récupérer nos droits de propriété sur le gaz, puis l'exporter seulement ensuite*[68]. »

Le 19 septembre, un rassemblement de plus de quarante mille personnes dans la ville de Cochabamba se conclut par un appel à la grève générale illimitée, au

* Les contrats « à risque partagé » signés lors du premier mandat de Sánchez de Lozada garantissaient la libre commercialisation du gaz et du pétrole par les entreprises, une fois ces ressources extraites en surface. L'État n'était propriétaire des hydrocarbures que lorsque ceux-ci étaient sous terre ; en surface, ils devenaient propriété des compagnies pétrolières étrangères. Ce régime fut modifié par la loi sur les hydrocarbures promulguée en mai 2005.

blocage de routes et à la résistance civile si les revendications liées au gaz ne sont pas prises en compte par le gouvernement[69]. Des mobilisations similaires ont lieu dans les principales villes du pays. À La Paz, les manifestations organisées à l'appel de la COB◆ et du MAS, génèrent un début de paralysie des secteurs public et privé. *« Le gaz est notre dernière richesse, et le "gringo" Sánchez de Lozada veut l'offrir au rabais aux transnationales et à l'oligarchie chilienne »*, dénonce alors le secrétaire exécutif de la COB◆, Jaime Solares, au cours d'un de ces nombreux rassemblements.

Le lendemain, cinq paysans sont pris pour cible à la fois par les forces de police et par l'armée dans le village de Warisata, situé dans l'*altiplano*[70]. Deux militaires sont attaqués à leur tour. Les combatifs Aymaras d'Achacachi publient alors un manifeste dévoilant la constitution d'un *« haut commandement de la résistance civile »*, soutenu par une machine de guerre indigène imposante non en raison des quelques vieux fusils Mauser hérités de l'époque de la révolution de 1952 et exhumés pour l'occasion, mais plutôt par sa capacité à s'appuyer sur les structures syndicales et communautaires qui encadrent la vie rurale de l'*altiplano*. L'objectif consiste à préparer les blocages de routes pour, progressivement, parvenir à assiéger le gouvernement. *« Chaque nuit règnent la pierre et la sueur des hommes et des femmes du monde rural, et quand le jour se lève ce sont les bottes et les fusils qui se font entendre à leur tour »*, rapporte alors un article de l'agence Econoticias relatant les dures batailles que se livrent militaires et paysans pour le contrôle des routes. Les paysans adoptent le mot d'ordre : *« Bloquer sans se faire massacrer »*. Ainsi, les principaux axes de transport terrestre sont recouverts de pierres sur des kilomètres, grâce à l'emploi des techniques utilisées dans les communautés pour les semis, telles que la rotation, la division du travail et la participation entendue comme obligation à l'égard de la collectivité.

Parallèlement, les échos de la consigne aymara *« Guerre civile, maintenant »* parviennent jusqu'à la ville d'El Alto, centre urbain de migrants majoritairement indigènes qui surplombe la capitale. Là-bas, les comités de quartier (*juntas vecinales*) rejoignent le conflit en annonçant, le 8 octobre, une « grève civique » illimitée. À Huanuni, ce sont les mineurs « radicaux » qui se rendent à pied ou en camion jusqu'à La Paz, tandis que dans les Yungas les *cocaleros* se joignent aux *bloqueos.* Ce jour-là, tous les accès sont contrôlés par les insurgés, en dépit des durs affrontements avec les policiers et les militaires. Lesquels délaissent les balles en caoutchouc, leur préférant des munitions de plomb.

Face à la pénurie d'essence, le gouvernement choisit la manière forte. Le 10 octobre en fin d'après-midi, il déploie des tanks, des hélicoptères armés et des centaines de militaires au visage noirci par le camouflage pour dégager l'autoroute qui relie La Paz à El Alto. L'opération, qui consiste à escorter une trentaine de camions-citernes en direction de La Paz, est, semble-t-il, dirigée en personne par le ministre de la Défense, *el zorro* (« le renard ») Carlos Sánchez Berzaín. C'est un échec. La ville demeure complètement paralysée mais vingt-cinq civils sont tombés sous les balles des policiers et de l'armée. Les radios Erbol et Pachamama relaient le sentiment d'indignation prédominant au sein de l'ensemble de la société. Et, lorsque « Goni » décide de reculer sur la question du gaz, il est déjà trop tard ; personne ou presque ne sait plus, à ce moment-là, quelles ont pu être les causes de ces mobilisations. Des nombreuses revendications auxquelles se rallient progressivement les milieux les plus aisés des principales villes du pays, il n'en subsiste qu'une seule : la démission du

« gouvernement massacreur ». Des dizaines de piquets de grève de la faim sont organisés dans les quartiers résidentiels. Sánchez de Lozada est dépourvu de toute base sociale, son sort est scellé. Un rassemblement populaire historique sur la place des Héros, dans le centre de La Paz, met fin à l'agonie du gouvernement. Quelques heures plus tard, le président s'échappe en hélicoptère. Le vice-président Carlos Mesa*, qui avait rapidement pris ses distances avec le gouvernement à la suite des massacres, est élu par le Parlement en vertu des mécanismes de succession prévus par la Constitution. Sa cote de popularité est élevée, ce qui n'empêche pas les plus radicaux, au terme d'un grand rassemblement à El Alto, de menacer de *« le renvoyer à coups de pied »* s'il ne respecte pas « l'agenda d'octobre », c'est-à-dire la nationalisation des hydrocarbures et la convocation de l'Assemblée constituante.

Un mouvement entamé sur la base d'une simple revendication – *« Non à l'exportation du gaz vers le Chili »* – s'est ainsi converti en « plébiscite » contre les politiques néolibérales. Alimenté par un soulèvement que structurent des centaines de regroupements de base, le mouvement social qui émerge de la « guerre du gaz » relègue au second plan les organisations sociales nationales et leurs dirigeants, dont le rôle s'est souvent réduit à celui de porte-parole médiatique. La COB◆, par exemple, est reparue sur la scène politique nationale car, par son rôle d'articulateur, elle a permis la jonction entre les secteurs mobilisés. Mais la centrale, naguère connue comme la *« glorieuse centrale ouvrière bolivienne »*, reste encore loin de la résurrection pronostiquée par certains groupes issus de la gauche

* Historien et journaliste reconnu, Mesa fut choisi en 2002 pour compléter le ticket présidentiel du MNR aux côtés de Sánchez de Lozada en tant que « représentant de la société civile ».

ouvriériste. Les comités de quartier et les syndicats paysans constituent désormais les principaux agents de la contestation. Leur capacité de résistance et leur agilité à passer de la défense à l'offensive politique sur le terrain institutionnel ont été démontrées. La « guerre du gaz » marque ainsi l'échec du projet néolibéral dans l'un de ses objectifs les plus ambitieux : ôter toute légitimité à la politique de la rue afin que seuls les cadres habituels de la démocratie représentative soient considérés comme aptes à débattre de la chose publique.

LA CRISE DE MAI-JUIN 2005 ET LA CHUTE DU GOUVERNEMENT MESA

Lorsque Carlos Mesa accepte de succéder à Sánchez de Lozada, il hérite d'une véritable bombe à retardement : la revendication de nationalisation des hydrocarbures. Constitué dans la plus grande improvisation, son gouvernement se montre incapable de la désamorcer. Elle éclatera deux ans plus tard. Car, en octobre 2003, Mesa est encore une personnalité populaire. On oublierait presque qu'il a été le vice-président d'un Sánchez de Lozada désormais voué aux gémonies. L'ex-journaliste s'enthousiasme alors à l'idée de *« gouverner sans partis politiques »*, occasion pour lui d'entretenir une *« relation directe avec les citoyens »*, bâtie sur son talent d'orateur et le soutien d'une majorité de la société civile. En juillet 2004, un référendum sur le gaz est organisé*. Une majorité des

* Le référendum comporte cinq questions, faisant référence à la récupération de la propriété des hydrocarbures en surface, la refondation d'YPFB (Gisements pétrolifères publics de Bolivie) et la politique diplomatique « gaz contre accès à la mer » à l'égard du Chili.

Boliviens vote « oui » aux cinq questions posées par le pouvoir exécutif. C'est un désaveu pour les milieux qui réclament la nationalisation des hydrocarbures contre la *« voie intermédiaire »* proposée par le gouvernement. Gouvernement qui a reçu le *« soutien critique »* du MAS d'Evo Morales.

Gouverner sans parti n'est pas chose aisée. Surtout avec un Parlement hostile, contrôlé par la vieille classe politique, au sein de laquelle frétillent les partisans de « Goni », toujours prompts à voir en Mesa le *« traître »* qui s'est désolidarisé de Sánchez de Lozada par opportunisme. La population n'est pas plus accommodante, agitée par deux mobilisations aux finalités opposées, mais qui compromettent l'action de la nouvelle administration. La première prend source dans les classes populaires et porte sur la nationalisation des hydrocarbures. La seconde est portée par les élites de Santa Cruz, qui réclament l'autonomie départementale. Face à l'indécision régnant au sommet de l'État, les deux conflits s'étendent au point de provoquer une crise politique. En janvier 2005 apparaissent les premiers nuages dans le panorama jusqu'alors idyllique dont avait bénéficié le gouvernement Mesa : à Santa Cruz de la Sierra, un rassemblement en faveur de l'organisation d'un référendum sur l'autonomie régionale parvient à réunir, selon la presse, plus de 250 000 personnes ; à El Alto, les habitants se soulèvent contre la compagnie chargée de la gestion de l'eau, Aguas del Illimani, une filiale de l'entreprise française Suez.

Le 6 mars, les Boliviens assistent à la première démission du président, qui tente, avec l'énergie du désespoir, de garder le contrôle par un coup de bluff. Sa stratégie consiste à mettre le Congrès au pied du mur, en prenant l'opinion publique en otage : si la démission de Mesa est acceptée, la succession revient alors de droit au président du Sénat, Hormando Vaca Díez (MIR◆). Lequel, en cas de défection, s'en remet au président de la Chambre des députés, qui n'est autre que Mario Cossío, un cadre du MNR◆ de Sánchez de Lozada. Autrement dit, en démissionnant, Mesa rend possible le retour sur le devant de la scène de deux personnalités largement associées à la vieille classe politique, et de ce fait déconsidérées par la plupart des mouvements sociaux. Présenter sa démission (et la voir refusée) peut donc paradoxalement renforcer sa position. La majorité des protagonistes de la crise – parmi lesquels le MAS, qui retire alors catégoriquement son soutien critique à Mesa – se prononce contre cette démission, en choisissant de *« la refuser sans même la lire »*. Morales refuse de prendre en compte les arguments avancés, afin de ne pas céder à ce qu'il assimile à une forme de chantage visant à dissimuler la volonté de ne pas promulguer la nouvelle loi sur les hydrocarbures. Celle-ci, votée par le Parlement, est jugée trop radicale par les compagnies pétrolières. Seuls Felipe Quispe et Jaime Solares rompent le consensus général en approuvant la démission du président.

Si, selon les sondages d'opinion, le président Mesa paraît sortir gagnant du rapport de force, ce n'est qu'un feu de paille. Non seulement la contestation refait rapidement surface, mais les principaux dirigeants sociaux, parmi lesquels Evo Morales, refusent de signer la trêve proposée par le gouvernement et soutenue par le reste de la sphère politique bolivienne. C'est durant cette période que le leader *cocalero* opte pour l'abandon des conseillers issus de la classe moyenne, qui lui recommandent d'adopter une orientation politique moins radicale, inspirée de l'action d'un Luiz Inácio Lula da Silva au Brésil. Le 9 mars 2005, il apparaît ainsi aux côtés des « radicaux » Felipe Quispe et Jaime Solares, posant à l'occasion de la signature d'un éphémère «pacte antioligarchique» qui marque le retour du MAS dans les rues ainsi qu'un rapprochement avec les mouvements sociaux mobilisés en faveur de la réappropriation des ressources naturelles. Le débat sur la nouvelle loi sur les hydrocarbures a en effet polarisé la population bolivienne: le MAS revendique une formule «50/50» (l'État percevant 50 % des bénéfices), tandis que les partis traditionnels plaident pour le maintien d'une imposition à 18 % et la création d'un impôt direct sur les hydrocarbures (IDH◆) équivalant aux 32 % restants, répartis entre diverses institutions telles que les municipalités et les universités. Mesa privilégie cette dernière solution. Avec une nuance, cependant: le président refuse la renégociation des contrats avec les compagnies dans le cadre de la nouvelle loi. Les contrats courant parfois sur plus de trente années, les nouvelles dispositions attendront. Ce point de désaccord décisif conduit au blocage de la promulgation de la loi au moment même où la pression de la rue se fait le plus sentir.

Mesa tente une seconde fois de sortir de l'impasse en jouant la carte de la crise: le 15 mars 2005, il demande au Parlement de convoquer des élections anticipées. À nouveau, il reçoit une réponse négative. Cet enlisement provoqué par la nouvelle loi sur les hydrocarbures, dans un contexte social toujours plus tendu, contribue paradoxalement à populariser la revendication de nationalisation au sein des différents mouvements sociaux boliviens, y compris parmi les syndicats paysans appartenant au MAS. Morales lui-même rend public son soutien à la nationalisation *«dans les faits»* des hydrocarbures. Le nouveau *«dialogue national»* proposé par l'exécutif est d'emblée condamné à l'échec, ce qui laisse présager la fin proche du gouvernement. Au terme des dix jours réglementaires prévus pour étudier un texte de loi, Carlos

Mesa refuse de promulguer la loi sur les hydrocarbures finalement votée par le Congrès (partage des bénéfices et renégociation obligatoire des contrats).

C'est à Vaca Díez, en tant que président du Sénat, qu'incombe la tâche de promulguer la loi – ce qu'il fait, sans cependant parvenir à dissiper la défiance populaire. À mesure que la revendication de nationalisation se généralise, les routes du pays se recouvrent de pierres. La ville d'El Alto se prépare dès lors à une grève civique illimitée afin d'exiger la nationalisation. Trois pôles générateurs d'instabilité politique – les mouvements sociaux, les comités civiques régionaux liés aux intérêts du patronat et le Parlement – paraissent se préparer au conflit[71]. Le 24 mai, la situation devient incontrôlable, et les mouvements sociaux nationaux se déplacent progressivement vers La Paz en exigeant la nationalisation du gaz et la convocation de l'Assemblée constituante. Mais, à ce stade, l'enjeu n'est autre que la démission de Carlos Mesa. Celui-ci répète qu'il est disposé à abandonner son mandat avant que la nationalisation du gaz et du pétrole ne devienne effective. À la tête de l'État ne siège plus le leader nationaliste naguère appelé à ce poste par la majorité des Boliviens, mais un timide réformiste qui n'assume pas le respect de « l'agenda d'octobre 2003 », que ses véritables convictions l'empêchaient de mener à bien. Dès lors, les animateurs du mouvement exhument symboliquement les morts de la bataille d'octobre 2003 afin de contraindre le président à respecter l'agenda de la nationalisation des hydrocarbures et de l'Assemblée constituante ou à s'en aller. Paradoxalement, les élites de Santa Cruz, qui ne se sont jamais accommodées de ce premier mandataire jugé *« andinocentriste »*, ne pouvaient que souhaiter sa chute. Elles se joignent ainsi à la convulsion sociale – à leur manière et sur des revendications propres fort éloignées des aspirations exprimées par les organisations populaires. Le siège de la ville de La Paz par les comités de quartier d'El Alto entraîne l'épuisement des réserves d'essence, mais signale également la fin toute proche d'un président victime de son propre centrisme, étouffé par la radicalité des deux projets en opposition : sa troisième démission, le 6 juin 2005, est cette fois définitive. Ainsi se clôt un cycle politique qui voit un mouvement social conduire Mesa au pouvoir, puis un autre, mené par les mêmes protagonistes, l'en déloger.

Parallèlement, les mineurs et d'autres organisations sociales préparent l'encerclement de la ville de Sucre, capitale constitutionnelle de la République, où le Congrès doit débattre de la succession présidentielle[72]. La mort d'un mineur lors d'une manifestation est interprétée comme la préfiguration de ce qui pourrait advenir si jamais le président du Sénat persévérait dans sa volonté d'assumer le mandat de chef de l'État, une perspective que les mouvements sociaux perçoivent comme une tentative de reconstituer la « mégacoalition » des partis traditionnels exclus du pouvoir (ou, du moins, du pouvoir exécutif) en octobre 2003. Face à ces blocages, c'est le président de la Cour suprême de justice, Eduardo Rodríguez Veltzé, qui accède au pouvoir en juin 2005, en promettant la convocation d'élections anticipées. Un dirigeant paysan déclare ainsi en guise de bilan : *« Nous n'avons presque rien obtenu, mais au moins nous avons réussi à faire en sorte que deux fachos comme Vaca Díez et Cossío ne deviennent pas présidents. »* Entre-temps, les *alteños* lèvent les blocages, tandis qu'indigènes et mineurs retournent à leurs communautés. La bataille se poursuit désormais sur un autre terrain, avec des élections générales anticipées prévues pour le 4 décembre.

La convocation de ces élections rencontre cependant de nouveaux obstacles. Des parlementaires renâclent lorsqu'il s'agit de rédiger leur démission, acte indispensable au renouvellement total du Congrès[73]. Cette résistance s'exprime sur le terrain des luttes régionalistes : la redistribution des sièges parlementaires sur la base du recensement de la population de 2001 a bien failli faire échouer le processus électoral[74]. En dépit de ces crises répétées, un large consensus subsiste quant à la préservation des règles du jeu institutionnel : une situation qui, dans les années 1980, aurait sans doute conduit à un nouveau coup d'État militaire, fait désormais l'objet d'une résolution pacifique, conformément à la Constitution politique de l'État.

SANTA CRUZ : CROISSANCE ÉCONOMIQUE ET REVENDICATIONS AUTONOMISTES

Tout au long de son histoire, le département de Santa Cruz a connu plusieurs mouvements autonomistes. Ce régionalisme s'explique aisément : jusqu'au milieu du XXe siècle, cette partie orientale de la Bolivie se trouve isolée du reste du pays. À tel point que six jours ne suffisent pas à un camion pour effectuer les cinq cents kilomètres séparant Santa Cruz de Cochabamba. Il faut attendre les années 1940 et le premier essoufflement de l'économie minière pour que se mette en place le plan Bohan, considéré comme « *le décollage du développement* cruceño[75] ». La Corporation bolivienne de développement (CBF) est créée en 1942 ; l'année suivante débutent la construction de la route Cochabamba-Santa Cruz et l'implantation de l'industrie sucrière à Guabirá. Parallèlement, le transport aérien se développe, et l'on inaugure les voies ferrées reliant Santa Cruz au Brésil (en 1955), puis à l'Argentine (en 1957).

Dans les années 1950, des luttes violentes sont menées en faveur d'une redistribution fixe des bénéfices issus de la rente pétrolière – à hauteur de 11 % pour le département de Santa Cruz. Ce combat contribue à la consolidation des aspirations régionalistes. Il reçoit l'appui ponctuel de la Phalange socialiste bolivienne, qui conspire contre un gouvernement du Mouvement Nationaliste Révolutionnaire (MNR◆) rejeté par les élites locales – et ce malgré la poursuite sans équivoque des projets de développement prévus dans le cadre du plan Bohan. Politiquement, le Comité civique Pro Santa Cruz – considéré par beaucoup comme le « gouvernement moral » de la « petite patrie » *cruceña* – apparaît comme un bastion du phalangisme. Dans les années 1970, le comité se convertit en un refuge pour les partisans du général Hugo Banzer Suárez, qui renverse le gouvernement nationaliste du général Juan José Torres, et conserve le contrôle de l'appareil d'État jusqu'en 1978[76]. Selon Jean-Pierre Lavaud, à la fin des années 1970, le comité va même jusqu'à diriger des actions armées afin d'empêcher le candidat de gauche Hernán Siles Zuazo de mener sa campagne électorale à Santa Cruz, et accorde son soutien à tous les coups d'État perpétrés entre 1978 et 1982.

Le Comité civique est contrôlé par le patronat, qui délègue la présidence à des personnalités *« de premier plan »*, souvent des médecins. La représentativité des organisations à l'intérieur du comité n'est pas proportionnée à leur représentativité au sein de la société. À titre d'exemple, l'Union des jeunesses de Santa Cruz (UJC◆) – la branche « jeune » du comité[77] – y dispose du même poids que la Fédération Universitaire Locale, une organisation étudiante autrement plus puissante. Au fil des décennies, le Comité civique a érigé les piliers de l'actuelle identité *cruceña*. Comme l'écrivent Claudia

Peña Claros et Nelson Jordán[78], *« le Comité Pro Santa Cruz est actuellement le propriétaire du miroir qui nous permet de nous regarder, de nous identifier, et de regarder et identifier le contexte. Cela implique que ce sont les groupes de pouvoir à Santa Cruz qui déterminent et délimitent le contenu de la représentation sociale de l'identité* cruceña ». Une identité dans laquelle ne reconnaissent pourtant pas de nombreux groupes indigènes de l'Orient, ce que les médias nationaux, dont les élites *cruceñas* sont propriétaires, se gardent bien de montrer.

On peut illustrer les axes de cette construction identitaire par l'opposition entre la « vieille » Bolivie occidentale et la « modernité » de Santa Cruz. Cette opposition est reformulée en des termes ethniques et culturels à travers le clivage entre *cambas*, les habitants des basses terres amazoniennes, et *collas*, les populations andines descendantes des peuples du Kollasuyo (Bolivie précolombienne). Préjugés et racismes croisés nourrissent largement cette division. Le problème de l'identité *cruceña* ne se réduit pas à une question rhétorique : le 17 octobre 2003, au cours de la « guerre du gaz », un groupe de jeunes réunis sur la place principale de la ville de Santa Cruz scande le slogan *« ¡Él que no salta es colla! »* (« Celui qui ne saute pas est un Indien ! ») et tente de repousser les paysans de la région. Ces derniers sont venus protester contre le massacre perpétré par le gouvernement de Sánchez de Lozada. Les paysans ont beau crier « Je suis *cruceño*! », rien n'y fait. Une semaine auparavant, une manifestation d'environ mille cinq cents personnes, emmenée par le secrétaire exécutif de la Centrale ouvrière départementale et candidat pour la coalition de droite Podemos◆ en 2005, Gabriel Helbing, défilait sur cette même place sans susciter de remous.

Le gouvernement de Carlos Mesa avait privé les élites *cruceñas* du quota de ministères qui leur revenait habituellement. Au cours de l'exercice de son mandat, le président attribue même à ces secteurs une *« mentalité provinciale »*, alimentant ainsi un conflit régional aux allures de guerre de positions contre le pouvoir central. Animant une campagne prosélyte, le Comité civique local parvient à ériger la revendication autonomiste en priorité de l'agenda politique national. Il obtient la tenue simultanée du référendum sur l'autonomie régionale et de l'élection de l'Assemblée constituante, le 2 juillet 2006, ainsi que l'élection des préfets départementaux, auparavant nommés par le président de la République. Le processus de légitimation du projet *cruceño* connaît un moment décisif lors de la tenue du rassemblement populaire de janvier 2005. Une foule imposante défile dans les rues de Santa Cruz, recouverte de drapeaux vert et blanc, aux couleurs de la région. Les trois cent mille signatures nécessaires à la convocation d'un référendum d'initiative citoyenne sont recueillies et validées par la Cour nationale électorale, comme le prévoit la loi.

Durant l'ère néolibérale, les élites *cruceñas* contrôlaient les lieux clés de l'appareil d'État – parmi lesquels l'Institut national de la réforme agraire. Elles faisaient en sorte que les politiques publiques leur soient le plus favorables possible, ce qui leur a permis par exemple de bénéficier de l'annulation de leurs dettes[79]. Elles craignent à présent que la prochaine Assemblée constituante ne donne lieu à une *« revanche indigène »* et à une remise en cause de la propriété de la terre. La région est en effet demeurée hermétique à la réforme agraire de 1953. À cette époque, les propriétés étaient considérées comme des « entreprises agricoles » capitalistes et non des *latifundios*. Dans un climat de méfiance et de jalousie réciproques, la partie occidentale du pays craint que l'autonomie ne serve qu'à maintenir un contrôle sur les terres et les ressources naturelles, principalement le gaz. De fait, le projet de statut élaboré par des conseillers du Comité civique Pro Santa Cruz en 2005 attribuait aux départements (par le biais d'un institut départemental des terres) l'émission de titres de propriété foncière, écartant purement et simplement l'État national du processus.

Cette offensive autonomiste a un fondement clairement économique: depuis les années 1970, l'économie de Santa Cruz a vu sa contribution au produit intérieur brut bolivien augmenter de manière significative*. Les activités économiques de cette région apparaissent comme un exemple de dynamisme, de réussite commerciale et d'innovation technique en comparaison avec les autres régions du pays. Le poids important des services, des activités extractives et agricoles (le soja en particulier), ainsi que l'orientation vers l'exportation en sont les principales caractéristiques. Mais cette offensive a également un fondement politique: la quasi-exclusion, à partir de la crise de 2003, des élites *cruceñas* du pouvoir central. Un fait qui s'explique par la profonde crise traversée par les partis qui représentaient leurs intérêts, et dont les personnalités les plus en vue se sont repliées vers les scènes politiques locales afin de se protéger de la nouvelle hégémonie indigène et populaire, promue à l'échelle nationale.

Selon Álvaro García Linera, lors des dernières décennies, *«le pouvoir économique ascendant, en dépit des problèmes qu'il a rencontrés, s'est déplacé de l'Occident à l'Orient, mais le pouvoir sociopolitique de mobilisation s'est renforcé en Occident, donnant ainsi lieu à une nouvelle*

* En 2000, Santa Cruz a contribué au PIB à hauteur de 28,8 %, a versé des impôts correspondant à 37 % du total national et, entre 1997 et 2001, a reçu 48 % du total de l'investissement étranger réalisé en Bolivie (www.cainco.org.bo).

incertitude géographique dans le pays[80] ». Dans les régions andines de l'Ouest, on associe crise économique et néolibéralisme ; dans les plaines de l'Est, où perdure une hégémonie politique et culturelle entrepreneuriale, cette même crise s'explique par le centralisme de La Paz, non par le modèle économique. À l'heure de conduire les négociations au sein du Congrès, en 2006, le nouveau vice-président, García Linera, propose une « *sortie de crise pactée* » entre « *le peuple* » et « *l'oligarchie* », concrétisée par un engagement : le gouvernement reconnaît le caractère obligatoire du référendum d'autonomie à l'échelon départemental (et non national)[81], comme le réclament les habitants de Santa Cruz ; mais la définition du contenu de l'autonomie et des attributions des gouvernements régionaux demeure une prérogative de l'Assemblée constituante. Ce pacte va pourtant se retrouver fortement ébranlé au cours des deux premières années du mandat d'Evo Morales.

5

Le gouvernement Morales : entre utopie indianiste et pragmatisme économique

UNE VICTOIRE ÉLECTORALE SYNONYME DE CONVERGENCE DES LUTTES

53,7 % des suffrages exprimés, 1 544 374 voix: le 18 décembre 2005, Evo Morales dépasse son principal rival, Jorge «Tuto» Quiroga (28,6 %), de plus de 25 points. Malgré la nouveauté de leurs sigles, les partis opposés au MAS n'ont pas su convaincre. La plupart de leurs candidats avaient milité entre 1985 et 2002 au sein des partis politiques «traditionnels». Certains avaient même été titulaires de portefeuilles ministériels; tous servaient les politiques néolibérales, à présent délégitimées. Pour bon nombre d'électeurs, il ne fait alors aucun doute que l'Unité Nationale (UN◆, centre droit) de l'entrepreneur Samuel Doria Medina n'est autre qu'une scission du vieux Mouvement de la Gauche Révolutionnaire (MIR◆), lequel n'a depuis bien longtemps plus de révolutionnaire et de gauche que le nom. De même, nul ne s'illusionne sur la coalition Podemos◆ (Pouvoir démocratique et social, droite), conduite par l'ex-président Jorge Quiroga et conçue pour ravaler la façade néolibérale et autoritaire de l'ancienne Action démocratique nationaliste (ADN◆, conservatrice). C'est à la marge de cette droite nationale en décomposition que se structure une droite régionaliste dans la perspective des premières élections pour les préfectures départementales. Son programme est presque exclusivement centré sur l'autonomie régionale prônée par le Comité civique Pro Santa Cruz.

Le MAS a quant à lui poursuivi sa stratégie de conquête de l'électorat urbain engagée en 2002 : il s'agit d'attirer sur ses listes des intellectuels de renom et des cadres du mouvement ouvrier et de gauche dans ce qu'il appelle une « alliance de la conscience sociale et de la connaissance ». Ainsi le choix du vice-président s'est-il porté sur Álvaro García Linera : ex-guérillero indianiste, sociologue revendiquant l'héritage tout à la fois de Karl Marx, de Pierre Bourdieu et de Fausto Reinaga*. Engagé auprès d'organisations sociales dont il se pose comme le fédérateur, personnalité médiatique commentant les informations sur une chaîne de télé à forte audience, il est perçu comme un personnage capable d'assumer une fonction au sommet de l'État et susceptible de séduire une classe moyenne réticente à l'idée d'élire à la présidence un candidat présenté par la plupart des éditorialistes comme un *« paysan incapable »*.

Dans ce contexte, la victoire du MAS marginalise ses principaux rivaux de gauche : Felipe Quispe, dont le leadership à la tête du mouvement paysan était déjà largement contesté, est poussé vers une retraite politique prématurée. Les dirigeants sociaux qui insistent sur l'autonomie de leurs organisations, tels Jaime Solares (COB◆) ou Oscar Olivera (Coordination de défense de l'eau et de la vie de Cochabamba), sont relégués au second plan. C'est dans cette situation pour le moins contrastée – une économie précaire, une opposition affaiblie et repliée vers le local et une contestation sociale

* L'essayiste aymara Fausto Reinaga (1906-1994), auteur de *La revolución india*, est considéré comme le père de l'indianisme politique contemporain.

réduite – que le gouvernement Morales prend ses fonctions, le 22 janvier. Un gouvernement qui associe quelques dirigeants sociaux (Casimira Rodríguez, ex-secrétaire du syndicat des employées de maison, à la tête du ministère de la Justice, et Alex Gálvez, un syndicaliste ouvrier, au ministère du Travail), de «vieux» militants de gauche (le nationaliste Andrés Soliz Rada au ministère des Hydrocarbures ou l'ex-trotskyste Hugo Salvatierra au Développement rural) et des «techniciens» (Luis Alberto Arce au Budget).

Autant le programme du MAS frappe par sa clarté (dix revendications phares, dont la convocation de l'Assemblée constituante et la nationalisation des hydrocarbures), autant son projet de société reste flou. Nationalisme, indianisme, «révolution démocratique et culturelle»: ces formules cachent mal l'absence de consensus sur les objectifs de refondation de la République. Les hésitations des deux premières années d'exercice du pouvoir témoignent aussi des tiraillements au sein d'un parti à la fois hétérogène et entré comme par effraction dans un champ politique institutionnel dont les règles lui échappent bien souvent – les élus issus du syndicalisme paysan se trouvant bien peu adaptés aux négociations feutrées du Parlement.

UNE POLITIQUE ÉCONOMIQUE ENTRE PRODUCTIVISME ET POSTLIBÉRALISME

À plusieurs reprises au cours de son mandat, Evo Morales n'a pas manqué de dénoncer le système capitaliste comme le *«pire ennemi de l'humanité»*[82]. Il est pourtant malaisé de déceler ce qui, dans le domaine économique, traduirait une orientation anticapitaliste du gouvernement bolivien. L'économie «postlibérale» chère au vice-président

Álvaro García Linera n'est pas sans rappeler le « vieux » capitalisme d'État : *« l'État bolivien est ainsi passé d'un contrôle du produit intérieur brut à hauteur de 6 à 7 %, à 19 % aujourd'hui. Notre objectif est d'arriver à 30 %*[83] ». Après deux décennies de politiques néolibérales, l'administration gouvernementale aurait désormais à sa charge la coordination des trois principales « plates-formes productives » qui achemineraient l'économie bolivienne vers un *« capitalisme andin-amazonien »* : les grandes entreprises, l'économie familiale (petit commerce, artisanat), l'économie paysanne et communautaire. Au fondement de cette recomposition : la nationalisation des hydrocarbures. Réalisée en 2006 *« sans expropriation »*, elle symbolise cette tension permanente entre radicalité rhétorique et modération des actes.

NATIONALISATION DU SOUS-SOL OU RENÉGOCIATION DES CONTRATS ?

Point clé du programme électoral d'Evo Morales, la nationalisation des hydrocarbures boliviens se décline en deux temps. C'est d'abord un président entouré des forces armées qui, le 1er mai 2006, signe le décret suprême 28701 dans un champ pétrolier appartenant à la compagnie brésilienne Petrobras. Selon ses termes, les multinationales pétrolières ne sont pas expropriées. Mais 82 % de leurs bénéfices sur les champs pétroliers majeurs et 50 % sur les autres exploitations seront désormais reversés à l'État. Quant aux hydrocarbures, ils redeviennent propriété d'État, en sous-sol comme en surface. Enfin, les compagnies sont obligées de renégocier les contrats – une mesure que Carlos Mesa avait repoussée au prix de son mandat. La seconde étape s'achève le 28 octobre 2006 avec la signature desdits contrats. Leur version finale réduit à 50 % la part des bénéfices prélevés par l'État. Au-delà

de ce seuil, l'accès de la puissance publique à la rente est subordonné à l'amortissement par la compagnie privée de ses coûts d'opérations et de capital[84]. Là où le gouvernement avait promis de réduire le rôle des compagnies pétrolières à celui de simples prestataires de services, les contrats reconduisent le *« partage des risques »* entre l'État bolivien et les opérateurs quant aux investissements effectués par ces derniers.
En définitive, la nationalisation est une renégociation de contrats, qui permet le retour de l'État dans la production et la commercialisation des ressources naturelles *via* la réactivation de l'entreprise pétrolière publique, YPFB◆ (Yacimientos petrolíferos fiscales bolivianos, « Gisements pétrolifères publics boliviens »). Les caisses du Trésor s'en ressentent. Recul ou virage pragmatique, la conduite du gouvernement s'explique tout à la fois par la résistance des compagnies étrangères Petrobras (Brésil), Repsol YPF (Espagne-Argentine) et Total (France), par la pression exercée par les États agissant au nom des intérêts de ces mêmes compagnies, mais aussi par l'absence d'un corps de techniciens et de professionnels capables de reconstruire YPFB◆ sans aide étrangère. Dans un pays où le gaz a fait l'objet de mobilisations réprimées dans le sang, l'attente populaire de résultats tangibles est particulièrement grande, notamment en termes d'augmentation des recettes fiscales. Depuis l'introduction, en 2005, d'un impôt direct sur les hydrocarbures (IDH◆) correspondant à 32 % des bénéfices tirés de la vente du gaz, une partie de ce butin est directement reversée à des institutions publiques (les universités, par exemple) et des autorités locales (les municipalités et les préfectures). C'est du reste autour de la répartition de ces bénéfices que va ultérieurement se cristalliser un conflit mettant en péril le gouvernement Morales.

Un même pragmatisme a guidé les réformes touchant à la distribution de l'eau. Au fil des luttes sociales (à Cochabamba en 2000, puis à El Alto en 2005), ce dossier a acquis une dimension symbolique au moins aussi importante que la nationalisation des hydrocarbures. Désireux de promouvoir l'eau comme un *« bien public mondial*[85] », Evo Morales crée un ministère de l'Eau dès son accession au pouvoir, en janvier 2006. Sa priorité : l'éviction de Suez-Lyonnaise des eaux et la création d'un système public de gestion dans les villes de La Paz et El Alto. Le 4 janvier 2007, la compagnie française accepte de partir moyennant compensation financière ; elle est remplacée par l'Entreprise publique sociale d'eau et d'assainissement (Epsas). Au terme d'une année d'existence, la compagnie d'État peine à satisfaire l'ambition gouvernementale d'une gestion publique alternative de l'eau, symbole d'une rupture avec les politiques néolibérales des années 1990 et 2000. Derrière la mise en scène du *« contrôle social »* sur la ressource, on observe une continuité des pratiques, en termes tant de structures que de politiques[86]. Le départ de Suez n'a entraîné aucune réorganisation significative du secteur : par exemple, les tarifs de raccordement au réseau de distribution n'ont pas diminué. Une enquête conduite dans les quartiers périphériques de la ville d'El Alto montre que les habitants, dans leur grande majorité, ne perçoivent pas de changement[87]. Le recours généralisé à la *« participation communautaire »* des résidents pour construire des infrastructures urbaines – dans ce cas précis, le raccordement à l'eau potable – justifie par ailleurs le désengagement de l'État dans ces investissements. Les raisons d'un tel immobilisme tiennent autant à l'absence de moyens qu'à l'impossibilité de penser de nouvelles modalités de gestion[88]. Le ministère tend même involontairement à légitimer la poursuite du mode de gestion introduit par Suez en Bolivie, en reprenant une rhétorique «*participative*» inventée dans les années 1990 par la Banque mondiale et visant à instaurer une «*gestion des pauvres par les pauvres*» dans les secteurs peu rentables pour les groupes privés.

Ces limites du gouvernement Morales soulignent à quel point la rupture avec un ordre préexistant suppose un arbitrage délicat entre le maintien des grands équilibres et l'expérimentation de voies alternatives, surtout dans un pays dépendant marqué par des niveaux de pauvreté extrêmes. La prudence économique affichée fait écho à la débâcle du gouvernement de l'Unité démocratique populaire (1982-1985) : la gauche s'était alors effondrée, incapable de faire face à une inflation galopante qui justifierait la mise en place d'une «*thérapie de choc*» néolibérale[89]. La hausse des prix (passée de 4 à 12 % au cours de l'année 2007) expliquerait la modération de la redistribution des richesses : environ 6 % d'augmentation des salaires dans la fonction publique, un revenu minimum certes relevé de 25 % mais qui ne pèse pas lourd en termes de pouvoir d'achat dans les foyers les plus modestes (il est passé de 44 à 55 euros par mois environ). Et des politiques sociales d'assistance[90] directement liées à la «*rente gazière*» tel le *bono* Juancito Pinto, une allocation de 20 euros par an pour chaque enfant scolarisé dans une école primaire publique.

Les moyens d'une autre politique existent. Grâce à la «nationalisation» des hydrocarbures et à la hausse des prix des matières premières, le PIB bolivien a franchi la barre symbolique des 10 milliards de dollars pour l'année 2006[91]. Mines et hydrocarbures concentrent en effet à eux seuls 68 % de la valeur des exportations boliviennes[92]. La diversification du tissu productif national demeure donc nécessaire. Dépendante du gaz comme elle l'était un demi-siècle plus tôt de l'étain, l'économie bolivienne s'expose non seulement aux foucades du marché de l'énergie, mais aussi à la logique « rentière » quant à l'usage des excédents de ces produits. Là encore, les responsables du MAS gardent en mémoire la chute du gouvernement de gauche de l'UDP◆ (Unité démocratique populaire) après l'effondrement des prix de l'étain en 1985, prélude à la privatisation massive du secteur minier.

Sur le plan international, la Bolivie a joué un rôle primordial dans l'esquisse d'un bloc continental opposé aux projets d'alliances commerciales promus par Washington et fondés sur l'acceptation du libre-échange comme prémices à tout dialogue. Ainsi, dans la foulée de l'échec de la Zone de libre-échange des Amériques (ZLEA), en novembre 2005, Morales refuse de signer un traité de libre-échange avec les États-Unis, proposant à la place l'établissement d'un traité de commerce des peuples (TCP). Ce dernier constitue à présent l'un des instruments de négociation entre pays membres de l'Alternative bolivarienne pour les Amériques (Alba)[93]. Si elle n'affiche pas en 2007 de réel projet d'intégration économique et politique en dehors d'un accès à la rente pétrolière du Venezuela pour les autres pays membres, l'Alba se consolide néanmoins en tant qu'alternative au néolibéralisme dans le sous-continent. Le 29 avril 2007, la Bolivie, le Nicaragua et le Venezuela décident de quitter le Centre international pour le règlement des différends relatifs aux investissements (Cirdi), sorte de cour d'arbitrage liée à la Banque mondiale[94]. Le 10 décembre 2007, la Bolivie et le Venezuela comptent encore parmi ceux qui eurent l'initiative de la création d'une Banque du Sud, qui rassemble également l'Argentine, le Brésil, l'Équateur, le Paraguay et l'Uruguay.

Dans ces conditions, quelles perspectives le gouvernement trace-il pour l'économie bolivienne ? Le vice-président García Linera a suggéré la consolidation d'un *« capitalisme andin-amazonien »* : un capitalisme qui respecterait la diversité des plates-formes productives et qui parierait sur leur mise en complémentarité *via* l'intervention de l'État. En d'autres termes, un *« développementalisme non homogénéisant »* fondé sur l'économie familiale et paysanne. La marge est étroite entre la promotion de cette économie à faible rentabilité et l'exaltation d'un capitalisme *« traditionnel »* ou *« prémoderne »*, implicitement jugé plus désirable. Or ce modèle économique cache souvent une exploitation féroce de la force de travail. Il masque la réalité d'une économie pauvre sertie d'enclaves de modernité. En 2005, l'intellectuel bolivien Raúl Prada se demandait : *« Existe-t-il un capitalisme distinct de celui que nous connaissons déjà ?*[95] *»* S'il n'est pas possible de réduire l'expérience économique du gouvernement Morales à un simple retour au capitalisme d'État des années 1950-1960, il n'en demeure pas moins que l'horizon postlibéral esquissé dans les déclarations officielles semble pour l'heure limité à une part de PIB contrôlée par l'État…

UNE INSTABILITÉ POLITIQUE PERSISTANTE

Inaugurée le 6 août 2007 à Sucre, l'Assemblée constituante devait être le levier d'une refondation de l'État : accordant enfin aux paysans et aux populations *« originaires »* la place qui leur avait toujours été refusée, elle allait générer un *« nouveau pacte social »*. Deux ans après l'élection d'Evo Morales, elle a plutôt révélé les divisions du pays. Mais, si la Bolivie s'est toujours caractérisée par un haut degré de conflictualité sociale[96], la nature de la contestation a singulièrement changé depuis 2005. Les élites conservatrices, défaites par les urnes mais demeurées à la tête des régions les plus riches, se sont réorganisées autour de la revendication d'autonomie départementale portée par le Comité civique Pro Santa Cruz et ses satellites, qui constituent désormais une force de blocage incontournable. Le double mandat attribué à l'Assemblée constituante, chargée tout à la fois de rédiger le nouveau texte constitutionnel et de définir les modalités d'application de l'autonomie, semblait pourtant lier inextricablement les intérêts du MAS à ceux du Comité civique : sans nouvelle Constitution, pas d'autonomie – et inversement. Dans un contexte de crise extrême et en l'absence des constituants de l'opposition, l'Assemblée accouchera un an et demi plus tard d'un texte que les partisans de l'autonomie départementale dénoncent comme illégal.

L'échec de l'Assemblée réside dans l'incapacité du MAS et de l'opposition à trouver un terrain d'entente sur des thèmes comme la redistribution des terres. Aux stratégies contradictoires d'un MAS oscillant entre le dialogue et la démonstration de force a répondu la radicalisation de l'opposition. Le fondement de cette impasse réside sans nul doute dans la loi de convocation de l'Assemblée élaborée par le Parlement et votée le 6 mars 2006. Afin de rassurer l'opposition sur le pluralisme du futur Parlement, le système électoral choisi facilite la présence de petites listes dotées d'une implantation locale significative, tout en garantissant aux partis nationaux un nombre significatif d'élus. Vingt-cinq formations se présentent au scrutin de juillet 2006, contre huit aux élections générales de 2005. Alors qu'avec 50,7 % des voix le MAS obtient 135 des 255 sièges (soit 52 %), son adversaire Podemos◆ parvient à rafler 60 sièges (soit 23,5 %) avec seulement 15 % des voix. La victoire est nette, mais elle prend paradoxalement l'allure d'un revers pour le gouvernement. La loi prévoit en effet l'adoption du texte constitutionnel à la majorité des deux tiers des constituants: il manque 34 sièges au MAS pour atteindre ce seuil. L'opposition dispose ainsi d'un pouvoir de blocage en dépit d'un affaissement électoral sans précédent de la droite dans le pays. Convoqué simultanément, le référendum sur l'autonomie avait été promis par le précédent gouvernement. Ses résultats confortent l'opposition et confirment l'aspiration autonomiste des régions orientales: si le « non » à l'autonomie régionale l'emporte au niveau national avec 57,6 % des suffrages, le « oui » s'impose néanmoins dans les départements de Santa Cruz, Beni, Pando et Tarija[97].

C'est peu de dire que les sessions de l'Assemblée constituante ont été mouvementées. La première crise survient dès le mois d'août 2006, lorsque les partisans du MAS tentent de changer le règlement afin d'adopter le texte constitutionnel à la majorité absolue. Pour l'opposition, il n'en est pas question: l'adoption aux deux tiers est son seul instrument de négociation. De leur côté, les promoteurs de l'autonomie départementale profitent de la crise politique pour consolider leur position. En décembre 2006, les préfets des régions orientales et les différents comités civiques qui leur sont liés organisent des rassemblements massifs. Ils menacent d'instaurer un statut d'autonomie *de facto*. C'est à Cochabamba, un département où le « non » à l'autonomie régionale l'avait largement emporté (63 %), que se produit la crise la plus grave. À l'issue d'une manifestation de soutien aux autonomistes et à la règle des deux tiers à l'Assemblée, le préfet Manfred Reyes Villa* annonce la tenue d'un nouveau référendum sur l'autonomie à Cochabamba. Les organisations sociales et les syndicats de *cocaleros* décident en retour d'assiéger la ville jusqu'à l'obtention de la démission du préfet. Ce dernier mobilise de son côté la classe moyenne locale, sommée de défendre *« sa ville »* face à *« l'invasion* cocalera ». Le 11 janvier 2007, malgré les appels au calme lancés par le gouvernement, le face-à-face tourne à l'affrontement entre les paysans et des citadins armés par la préfecture de battes de base-ball et de quelques armes à feu. On décompte deux cents blessés, et un mort de part et d'autre. Lorsque le calme revient, un accord est trouvé au sein de la Constituante : tous les articles ne recueillant pas une approbation aux deux tiers sont transmis à une commission spéciale. Si celle-ci ne parvient pas à bâtir un consensus autour d'une réécriture de l'article, ce dernier est soumis à un référendum intermédiaire qui décidera quelle sera la version destinée à être intégrée dans le texte final.

La trêve est cependant de courte durée, car un nouveau conflit se fait jour, sous l'influence des élites de Sucre. En mars 2007, le groupe de constituants du département de Chuquisaca demande que Sucre, la capitale du départe-

* Ancien chef de la sécurité du dictateur Luis García Meza au début des années 1980, puis de chef de l'ADN◆, il fonde son propre parti, la Nouvelle Force Républicaine (NFR), en 1992 afin de conquérir la mairie de Cochabamba, qu'il gère de 1993 à 2000. Candidat à la présidence de la République bolivienne en 2002, il part grand favori avant d'échouer à la troisième place (20,91 %) derrière Evo Morales. Rallié à Sánchez de Lozada quelques jours à peine avant que n'éclate la « guerre du gaz », en septembre 2003, il est associé aux élites néolibérales. Néanmoins, son retour à la vie politique lors de l'élection préfectorale du département de Cochabamba est un succès : il l'emporte à la tête d'un regroupement citoyen local, l'Alliance pour l'Unité Cochabambine (AUC), avec 47,6 % des voix, devant le MAS (43,1 %), dans une région pourtant réputée pour être le bastion de Morales en raison de la présence des *cocaleros* du Chapare.

ment, redevienne capitale à part entière de la nation. Et qu'à ce titre les pouvoirs exécutif et législatif, établis à La Paz depuis la guerre fédérale de 1899, y soient transférés. La revendication est relayée par les élites locales et par des comités civiques des régions orientales, qui voient là une nouvelle possibilité de mettre en échec l'Assemblée. Preuve de l'efficacité politique persistante des identités régionales, la mobilisation prend une ampleur inattendue. Les groupes de pouvoir locaux parviennent à trouver un écho populaire significatif. Sur le plan organisationnel, ils bénéficient des conseils du Comité civique Pro Santa Cruz et de l'Union des jeunesses de Santa Cruz (UJC◆). Cette dernière organise plusieurs centaines d'étudiants et d'employés municipaux en véritables groupes de choc qui, à partir du mois de juin, se lancent dans l'intimidation des constituants du MAS et bloquent l'accès au siège de l'Assemblée. On assiste alors à de véritables *« mobilisations de papier*[98] *»* qui mettent en scène à l'intention des médias un mouvement de la population de Sucre *« pour la défense de la démocratie »* contre *« la dictature d'Evo Morales »*. Afin de répliquer au blocage de l'Assemblée et de s'opposer au transfert du siège du gouvernement, plus d'un million de personnes se rassemblent en juillet 2007 à El Alto. Fin novembre, dans un climat de tension persistant, le gouvernement décide de poursuivre les sessions de l'Assemblée dans un lycée militaire de Sucre, mais l'opposition lance ses groupes de choc à l'assaut des forces de police et des paysans venus soutenir le déroulement de la Constituante. Cette dernière, en l'absence de l'opposition, qui boycotte les travaux, entreprend d'adopter une première mouture de la Constitution. Après moult péripéties, et le transfert de l'Assemblée vers des terres moins hostiles au MAS, Evo Morales accepte des concessions destinées à faire revenir des constituants des forces minoritaires au sein de l'Assemblée[99]. Après avoir rejeté, au cours du mois de juillet, la proposition défendue par certaines organisations indigènes d'une représentation *« ethnique »* au Congrès, le président renonce à inclure dans la Constitution la non-limitation des mandats présidentiel et vice-présidentiel[100]. En revanche, il ne cède pas sur l'essentiel: toute privatisation future des ressources naturelles sera considérée comme une *« trahison envers la patrie »*, passible de trente ans de prison; les membres de la Cour suprême de justice seront élus au suffrage universel direct, après avoir été présélectionnés par le Congrès, rebaptisé Assemblée législative plurinationale; un référendum révocatoire pour le président et les autorités départementales, convoqué par initiative citoyenne, est introduit dans les textes.

Une autre question brûlante est différée: celle de la surface de terre au-delà de laquelle une propriété sera concernée par la future réforme agraire. Officiellement fixé à 50000 hectares depuis 1953, ce seuil n'a jamais été respecté, particulièrement dans la région de Santa Cruz*. Enfin, le texte noie la discussion sur l'autonomie départementale dans une refonte administrative du pays qui introduit de nouveaux échelons d'autonomie au niveau des municipalités et des communautés indigènes. Pour la droite, le coup est rude et le dilemme cornélien. Doit-elle accepter de revenir dans le jeu et de prendre part à la campagne référendaire prévue pour juin 2008, au risque de légitimer le processus constituant? Ou va-t-elle se retrancher sur une défense des autonomies et boycotter

* D'après les chiffres de l'Institut national de la réforme agraire (Inra), 35 familles possèdent des propriétés d'une superficie allant de 15000 à plus de 290000 hectares. La famille Monasterios, propriétaire de la chaîne de télévision Unitel, dont la ligne éditoriale se caractérise par une opposition farouche au gouvernement Morales, possède plus de 78000 hectares de terres.

les consultations à venir pour instaurer un rapport de force avec le pouvoir central ?

Le 15 décembre 2007, alors que les partisans de Morales fêtent la nouvelle Constitution, les préfets des régions orientales annoncent la mise en œuvre d'un régime d'autonomie *de facto*. Ce statut prévoit la création d'un Institut départemental des terres, chargé d'émettre des titres de propriété *« irréversibles »* sur lesquels l'État central n'aurait pas son mot à dire ; il envisage en outre d'attribuer au département de Santa Cruz la faculté de lever l'impôt – dotant ainsi les élites locales d'un contrepoids économique face à l'État. Ces mesures sont prises dans un climat d'intimidation qui n'a guère d'équivalent dans le reste du pays. Le mois de décembre 2007 est ainsi marqué à Santa Cruz par les actions coup de poing menées par des troupes racistes de l'UJC◆, les agressions en plein centre-ville d'individus présumés proches du pouvoir et les tentatives d'attentat visant les domiciles de militants du MAS.

Au lendemain de la conclusion des travaux de la Constituante, la reconnaissance internationale du gouvernement d'Evo Morales reste très forte. Les voisins continentaux, de Chávez à Lula da Silva en passant par Cristina Kirchner ou Michelle Bachelet, ont exprimé leur soutien au processus institutionnel bolivien, au même titre que l'état-major, qui s'est autoproclamé garant de l'unité du pays et qui n'a pas cédé aux appels à la sédition lancés des rangs de l'opposition[101]. Les atouts du gouvernement ne sont donc pas minces dans le rapport de force qui l'oppose au camp autonomiste. S'y ajoutent la sympathie des organisations issues du monde paysan, indigène et populaire, ainsi qu'un bilan macroéconomique plutôt favorable.

CONCLUSION

¿ Bolivia cambia, Evo cumple ? («La Bolivie change-t-elle ? Evo tient-il ses promesses ?»)

L'expérience menée par le MAS et Morales en Bolivie constitue un processus de changement social qui n'est pas dirigé ou influencé par une gauche marxiste et «classiste», dotée d'un horizon révolutionnaire et anticapitaliste – en 2008, cette gauche-là a pratiquement disparu du panorama politique bolivien. Bien que renforcée sur le plan numérique[102], la classe ouvrière bolivienne s'est désintégrée au profit d'une identité «indigène», elle-même convertie en un «capital ethnique» devenu indispensable pour prétendre jouer un rôle dans le mouvement populaire. Certes, les revendications ouvrières existent toujours, mais elles mobilisent moins. Le discours du Mouvement vers le Socialisme véhicule encore des éléments issus de la culture révolutionnaire, notamment à travers la figure d'un Che Guevara érigée en symbole de la résistance anti-impérialiste. Cette référence permet de présenter le MAS comme un parti indianiste *et* de gauche au-delà des frontières boliviennes. Pour autant, il n'existe en son sein aucun courant guévariste ou de gauche révolutionnaire organisé autour d'un programme propre. Les militants venus de la gauche agissent le plus souvent en tant qu'individus isolés dans un instrument politique dépourvu de toute instance de débat. À gauche, on ne distingue aucune autre option que le projet que proposent Evo Morales et le MAS : reconstruire un

État fort, capable d'intervenir dans le secteur productif du pays dans l'indépendance vis-à-vis de *« l'étranger »* et sur la base d'une alliance de classes qui inclut tous les *« patriotes »*, y compris les patrons et les militaires. En somme, un nationalisme populaire fort comparable à celui qui a orienté le mouvement antioligarchique sur lequel s'est construite la Révolution Nationale de 1952, traversé cette fois non plus par le clivage de classes, mais bien par une ethnicisation de la vie politique héritée du katarisme.

Cette différence essentielle entraîne une série de conséquences pratiques. La « révolution » opérée par le MAS a d'abord consisté en un renouvellement radical des élites politiques, avec l'entrée massive de dirigeants du mouvement populaire dans les institutions. Les perspectives ouvertes par ce processus sont toutefois bien plus larges qu'elles ne le furent par exemple en Afrique du Sud au lendemain de la victoire de Nelson Mandela, en 1994. À la différence de bien d'autres pays latino-américains, l'arrivée au pouvoir de la gauche en Bolivie n'est pas synonyme d'une marginalisation du mouvement social sur lequel elle s'est appuyée pour accéder aux commandes de l'État. Dotés d'une forte capacité de mobilisation, les mouvements sociaux demeurent relativement autonomes par rapport au pouvoir exécutif. Au besoin, ils s'érigent en défenseurs du gouvernement, comme lors de la crise de Cochabamba en janvier 2007. Mais ils peuvent aussi contester un ordre institutionnel qui a permis à « leur » parti d'accéder au pouvoir, sans pour autant jeter les bases d'une perspective nouvelle. Dans ce cas, leur protestation n'est qu'une redite de celle des opposants institutionnels. Conscient des limites de ces organisations, le gouvernement aimerait parfois les cantonner dans un soutien inconditionnel. Pareil réflexe montre combien il lui est difficile d'intégrer la participation populaire à sa stratégie d'exercice du pouvoir – et d'éviter qu'elle ne rencontre des aspirations clientélistes plus traditionnelles, dans les centres urbains notamment[103]. Enfin, la *«révolution démocratique et culturelle»* se revendique toujours et encore comme un projet de transformation sociale, en grande partie par la volonté politique d'un *caudillo*, Evo Morales, qui voit en Fidel Castro et Hugo Chávez deux exemples de résistance à *«l'impérialisme* yanqui». «L'agenda d'octobre» constituait jusque-là l'horizon d'action tant du gouvernement que des organisations sociales: la nationalisation des hydrocarbures et la convocation de l'Assemblée constituante, les deux piliers de cet agenda, ont été réalisées au cours de la première année de mandat du gouvernement.

L'accession du MAS à la tête de l'État a considérablement renforcé le pouvoir détenu par Morales. Paradoxalement, la faible institutionnalisation de ce parti a pour pendant une forte personnalisation du pouvoir, comme en témoigne le slogan qui accompagne chaque nouvelle mesure prise par le gouvernement: *Bolivia cambia, Evo cumple* («la Bolivie change, Evo tient ses promesses»). Toutes les instances dans lesquelles siège le MAS (exécutif, législatif, groupe d'élus à l'Assemblée constituante, direction nationale du parti, organisations sociales membres et associées, etc.) font désormais partie d'une Coordination pour le changement dirigée par le président en personne. Lequel continue à assumer le mandat de chef de parti et, à ce titre, participe encore à toutes ses assemblées générales. Une telle concentration de pouvoir jette le doute sur l'appellation de *«gouvernement des mouvements sociaux»* revendiquée par ses propres membres. Certes, contrairement à ce que l'on constate dans les autres gouvernements «de gauche» latino-américains, la place des dirigeants sociaux au sein de l'exécutif n'est pas uniquement symbolique; qu'elles soient ou non affiliées au MAS, les organisations sociales sont régulièrement invitées à évaluer l'action gouvernementale. Mais il est également vrai que les mouvements sociaux, toujours plus éclatés, formulent des revendications toujours plus enserrées dans un certain corporatisme. Leur champ d'action est de fait bien plus limité que celui qu'esquissait le syndicalisme révolutionnaire du mouvement ouvrier. L'Assemblée constituante inaugurée le 6 août 2006 n'a d'ailleurs aucune prétention à se convertir en organe de pouvoir populaire visant l'auto-organisation des travailleurs. Restent alors les interrogations sur les orientations futures d'une «révolution» qui, si elle ne peut de l'avis même de Morales se limiter à une simple – mais nécessaire – démocratisation de l'administration gouvernementale, devra surmonter des difficultés devenues chroniques: pénurie de cadres, clientélisme, État réduit à peau de chagrin après vingt ans de plans d'ajustement structurel, indétermination des politiques publiques, etc. À n'en pas douter, les mouvements sociaux joueront à nouveau un rôle capital dans la consolidation et l'approfondissement du processus de transformation sociale en cours. Un processus à l'issue encore incertaine, mais qui a d'ores et déjà légué un acquis précieux: quoi qu'il advienne, la Bolivie ne sera plus jamais la même.

LISTE DES SIGLES

ADN	Action Démocratique Nationaliste
ASP	Assemblée pour la souveraineté des peuples
Cidob	Confédération des peuples indigènes de l'Est bolivien
COB	Centrale Ouvrière Bolivienne
Comibol	Corporation minière de Bolivie
CSCB	Confédération Syndicale des Colonisateurs de Bolivie
CSUTCB	Confédération Syndicale Unique des Travailleurs Paysans de Bolivie
Fejuve	Fédération des comités de quartier
FNMCB-BS	Fédération Nationale des Femmes Paysannes de Bolivie-Bartolina Sisa
IDH	Impôt direct sur les hydrocarbures
MAS-IPSP	Mouvement vers le Socialisme-Instrument Politique pour la Souveraineté des Peuples
MIP	Mouvement Indigène Pachakuti
MIR	Mouvement de la Gauche Révolutionnaire
MNR	Mouvement Nationaliste Révolutionnaire
Podemos	Pouvoir démocratique et social
UDP	Unité Démocratique Populaire
UJC	Union des jeunesses de Santa Cruz
UN	Unité Nationale
YPFB	Gisements pétrolifères publics boliviens

NOTES

1. Walter Benn Michaels, *The Trouble with Diversity. How we learned to love identity and ignore inequality*, New York, Metropolitan Books, 2006, p. 142.
2. Voir *infra* chapitre IV.
3. Mitchell A. Seligson *et al.*, *Auditoría de la democracia, Informe Bolivia 2006*, Nashville, Vanderbilt University-Latin American Public Opinion Project (LAPOP)-Usaid, 2006.
4. Jean-Pierre Lavaud et Françoise Lestage, « Compter les Indiens (Bolivie, Mexique, États-Unis) », *L'Année sociologique*, vol. 55, 2005 ; Jean-Pierre Lavaud (dir.), *La Catégorisation ethnique en Bolivie*, Paris, L'Harmattan, 2007.
5. Jean-Pierre Lavaud et Françoise Lestage, « Les redéfinitions de l'indianité : historique, réseaux, discours, effets pervers », *Esprit*, 321, 2006.
6. Ricardo Paz Ballivián, « Mestizos », *La Razón*, La Paz, 24 juillet 2006. L'auteur est un ancien responsable du parti nationaliste Condepa (Conscience patriotique).
7. Álvaro García Linera, *Estado multinacional – Una propuesta democrática y pluralista para la extinción de la exclusión de las naciones indias*, La Paz, Malatesta, 2005.
8. PNUD Bolivia, *El estado del Estado en Bolivia – Informe Nacional sobre Desarrollo Humano 2007*, La Paz, PNUD, 2007.
9. John Holloway, *Change the World Without Taking Power. The Meaning of Revolution Today*, Londres, Pluto Press, 2002.
10. Augusto Céspedes, *Sangre de mestizos*, La Paz, Gisbert, 1936.
11. James Dunkerley, *Rebelión en las venas*, La Paz, Plural, 2003 [1987].
12. Álvaro García Linera, *La condición obrera. Estructuras materiales y simbólicas del proletariado de la minería mediana (1950-1999)*, La Paz, Idis-Comuna, 2001.
13. Franck Poupeau, « Sur deux formes de capital international. Les "élites de la globalisation" en Bolivie », *Actes de la recherche en sciences sociales*, 151-152, mars 2004.
14. Frédérique Matonti et Franck Poupeau, « Le capital militant. Essai de définition », *Actes de la recherche en sciences sociales*, 155, décembre 2004.

15. Scarlett O'Phelan Godoy, *La gran rebelión en los Andes: de Túpac Amaru a Túpac Catari*, Cuzco, Centro de Estudios Regionales Andinos Bartolomé de las Casas, Petro-Perú-CBC, 1995.
16. Álvaro Argandoña, *Coca, cocaleros y discursos en Bolivia*, mémoire de maîtrise, Cochabamba, Universidad Mayor San Simón, inédit, 2003.
17. Joseph A. Gagliano, *Coca Prohibition in Peru, The Historical Debates*, Tucson, University of Arizona Press, 1994.
18. Fausto Reinaga, *La revolución india*, La Paz, PIB (Partido indio boliviano), 1969.
19. A. Argandoña, *op. cit.*, 2003.
20. Ignacio Ballesteros, Cecilia Illanes et Mirtha Suaznabar, « Organizaciones sindicales de productores de coca. Compleja lucha de reivindicación y estigmatización », in *Boletín internacional Acción andina*, 1, 2001.
21. Michael Levine, *The Big White Lie: The CIA and the Cocaine/Crack Epidemic, An Undercover Odyssey*, New York, Thunder's Mouth Press, 1993.
22. J. Dunkerley, *op. cit.*, 2003.
23. Lisa Haugaard, Adam Isacson et Joy Olson, « Trends in U.S. military programs with Latin America », in *Blurring the Lines*, Center for International Policy-Latin America Working Group Education Fund-Washington Office in Latin America, 2005.
24. Pablo Stefanoni et Valeria Wainer, « Colombia : ¿Nuevo escenario de la guerra global ? », *in* www.lainsignia.org/2002/mayo/ibe_070.htm, 15 mai 2002 ; Maurice Lemoine, « Plan Colombie : passeport pour la guerre », in *Le Monde diplomatique*, août 2000.
25. CED-INS, « Colombia : conflicto armado y medioambiente », in *Pueblos*, 18, 2005.
26. Garry Leech, *Crude Interventions: the United States, Oil and the New World (Dis) Order*, New York, Zed Books, 2006.
27. Les pays concernés par l'Initiative andine sont la Bolivie, le Brésil, la Colombie, l'Équateur, le Panamá, le Pérou et le Venezuela.
28. Voir le site du Département d'État américain : http://www.state.gov/p/inl/rls/fs/49016.htm.
29. Alison Spedding, *Kawsachun coca. Economía campesina cocalera en los Yungas y el Chapare*, La Paz, PIEB, 2005.
30. A. Spedding, *op. cit.*, 2005.
31. Álvaro García Linera, Marxa Chávez León et Patricia Costas Monje, *Sociología de los movimientos sociales en Bolivia*, La Paz, Diakonia-Oxfam, 2004.

32 A. Spedding, *op. cit.*, 2005.
33. A. García Linera, M. Chávez León et P. Costas Monje, *op. cit.*, 2004.
34. A. Spedding, *op. cit.*, 2005.
35. « Plan trienal de lucha contra el narcotráfico », in *Coca-Cronología. Bolivia 1986-1992*, La Paz, Ildis-Cedib, 1992.
36. I. Ballesteros, C. Illanes et M. Suaznabar, *op. cit.*, 2001.
37. « Conclusiones del III encuentro nacional de productores de coca », in *Coca-Cronología. Bolivia 1986-1992*, La Paz, Ildis-Cedib, 1992.
38. Alison Spedding observe cependant l'émergence d'une petite bourgeoisie partiellement retirée des activités proprement paysannes, processus qui résulte des compensations versées par l'État pour l'éradication des cultures de coca.
39. Alison Spedding, *Wachu Wachu, Cultivo de coca e identidad en los Yunkas de La Paz*, La Paz, Hisbol-Cocayapu-Cipca, 1994.
40. Des propositions similaires sont formulées par la sociologue et anthropologue bolivienne Silvia Rivera Cusicanqui : *Las fronteras de la coca*, La Paz, Idis-UMSA-Aruwiyiri, 2003.
41. Kevin Healy, « Political Ascent of Bolivia's Peasant Coca Leaf Producers », in *Journal of Interamerican Studies and World Affairs*, vol. 33 (1), 1991.
42. *La Prensa*, La Paz, 27 décembre 2005.
43. Jean-Pierre Lavaud, « De l'indigénisme à l'indianisme, le cas de la Bolivie », in *Problèmes d'Amérique latine*, 7, La Documentation française, 1992.
44. Felix Patzi, *Insurgencia y sumisión, Movimiento indígeno-campesino (1983-1998)*, La Paz, Comuna-Muela del Diablo, 1998.
45. Xavier Albó, « La búsqueda desde adentro », in *Artículo primero*, 3, 1996.
46. Voir à ce sujet les travaux du politiste italien Angelo Panebianco, *Modelos de partido*, Madrid, Alianza Editorial, 1982.
47. *Página/12*, Buenos Aires, 15 janvier 2006.
48. Donna Lee Van Cott, « From Exclusion to Inclusion : Bolivia's 2002 Elections », in *Journal of Latin American Studies*, vol. 35 (4), 2003.
49. Voir note p. 18 et encadré p. 55-57.
50. César Soto, *Historia del Pacto Militar-Campesino*, Cochabamba, Ceres, 1994.
51. Sinclair Thomson, *Cuando sólo reinasen los indios ; La política aymara en la era de la insurgencia*, La Paz, Muela del Diablo-Aruwiyiri, 2006.

52. Silvia Rivera Cusicanqui, *Oprimidos pero no vencidos; Luchas del campesinado aymara y quechwa 1900-1980*, La Paz, Aruwiyiri-Yachaywasi, 2003 [1984].
53. Pablo Mamani Ramírez, *Microgobiernos barriales, Levantamiento de la ciudad de El Alto (Octubre 2003)*, La Paz-El Alto, Cades-Idis-UMSA, 2005.
54. *Pachakuti* signifie « nouvelle ère » en aymara.
55. Entretien avec David Choquehuanca, ancien responsable d'une ONG de formation des leaders paysans et indigènes, avant d'être nommé en 2006 à la tête de la Chancellerie (l'équivalent du ministère des Affaires étrangères).
56. Le premier gouvernement qui développe une « diplomatie de la coca » est celui de Jaime Paz Zamora (1989-1993). Le slogan-clé de cette politique internationale de valorisation de la coca est : *Coca no es cocaína* (« La coca, ce n'est pas de la cocaïne »).
57. Le VIe Congrès de la CSUTCB◆, en janvier 1994, approuve une résolution qualifiant Cárdenas de *llunk'u* (« traître » en aymara).
58. Pablo Stefanoni, « MAS-IPSP : la emergencia del nacionalismo plebeyo », in *Osal*, Clacso, 12, 2003.
59. Javier Sanjinés, *El espejismo del mestizaje*, La Paz, Ifea-IRD-PIEB, 2006.
60. René Zavaleta Mercado, *Lo nacional-popular en Bolivia*, México, Siglo XXI, 1986 ; Luis Tapia, *La producción del conocimiento local. Historia y política en la obra de René Zavaleta*, La Paz, Muela del Diablo-Cides-UMSA, 2002.
61. Certains dirigeants, tel l'ancien syndicaliste mineur Filemón Escóbar, lisent désormais les défaites du passé comme le fruit d'une excessive radicalisation du mouvement ouvrier. Cette interprétation les a conduits à adopter aujourd'hui, sous les oripeaux d'une idéologie indianiste, des positions bien plus modérées que par le passé. À ce titre, Escóbar, ancien trotskiste, constitue un cas intéressant de militant ayant « troqué Marx contre Túpac Katari ».
62. « Populisme » n'est pas employé ici de manière péjorative, comme tend à le faire une partie importante de la littérature que lui dédie la science politique, mais afin de caractériser un mode d'exercice du pouvoir politique. Voir Ernesto Laclau, *La Raison populiste*, Paris, Seuil, 2008.
63. Álvaro García Linera, « Sindicato, multitud y comunidad. Movimientos sociales y formas de autonomía política en Bolivia », *in* Álvaro García Linera, Raquel Gutiérrez, Felipe Quispe, Raúl Prada et Luis Tapia, *Tiempos de rebelión*, La Paz, Comuna-Muela del Diablo, 2001.

64. Au cours du mois de février 2002, le gouvernement décide finalement de suspendre l'application du décret qui autorisait l'exclusion de Morales, sous la pression des organisations sociales. En juin 2002, le Tribunal constitutionnel annule définitivement cette mesure.
65. Les résultats des élections générales du 30 juin sont les suivants : le MNR (22,45 %) arrive en première position à Santa Cruz, Beni, Chuquisaca et Pando, ce qui lui permet d'obtenir 11 sénateurs et 36 députés. Le MAS (20,94 %) arrive en première position à La Paz, Cochabamba, Oruro et Potosí, obtient 8 sénateurs et 27 députés. Le 4 août, grâce à un accord MNR-MIR, Sánchez de Lozada est élu président par le Parlement, ainsi que le prévoit la Constitution politique d'État.
66. Carlos Böhrt Irahola, « Voto presidencial y voto uninominal en las elecciones de 2002 », in *Opiniones y análisis*, 58, 2002.
67. Le projet d'exportation est porté par le consortium Pacific-LNG, auquel participent alors Repsol-YPF, British Gas et Panamerican Energy, une filiale de British Petroleum.
68. Cité par Walter Chávez, « Bolivia, una revolución social democrática », in *Le Monde diplomatique*, Buenos Aires, éd. Cono Sur, novembre 2003.
69. Voir www.econoticiasbolivia.com.
70. Les blocages dans l'*altiplano* ont débuté afin de protester contre la détention du dirigeant Edwin Huampo, accusé du lynchage de deux cambrioleurs dans une communauté de la province de Los Andes, puis se sont poursuivis contre la « vente au rabais » du gaz.
71. Les compagnies pétrolières prennent également une part active à cette polarisation en diffusant des spots télévisés qui mettent en garde contre les risques de la nouvelle loi.
72. Vaca Díez accuse alors le gouvernement de Mesa d'avoir facilité l'accès des mineurs à la ville de Sucre, ce qui paraît vraisemblable. Il apparaît également *a posteriori* que des pressions militaires ont été exercées sur « Hormando » afin qu'il renonce à ses ambitions présidentielles.
73. « Qu'ils s'en aillent tous ! » a été le principal slogan de la crise argentine de décembre 2001, caractérisée par une profonde défiance à l'égard de l'ensemble de la classe politique.
74. Les parlementaires du département de Santa Cruz réclamaient quatre sièges supplémentaires, eu égard à la croissance de la population. Un accord parlementaire attribue finalement trois nouveaux sièges à Santa Cruz et un à Cochabamba. Ces quatre sièges sont cédés par La Paz (deux), Oruro (un) et Potosí (un).

75. Alcides Parejas Moreno, « *Hacia una nueva cruceñización en Santa Cruz* », *in* www.cainco.org.bo.
76. Jean-Pierre Lavaud, *L'Instabilité politique de l'Amérique latine, le cas de la Bolivie*, Paris, L'Harmattan-IHEAL, 1991.
77. L'UJC♦ est une sorte de « groupe de choc » lié au comité. Un autre groupe radical – dont les positions sont toutefois critiques à l'égard du comité – est la Nation *Camba*, qui promeut un « État libre associé à la Bolivie » : www.nacioncamba.net.
78. Claudia Peña Claros et Nelson Jordán Bazán, *Ser cruceño en octubre : una aproximación al proceso de construcción de la identidad cruceña a partir de la crisis de octubre de 2003*, La Paz, PIEB, 2004.
79. Le directeur du Centre d'études juridiques et de recherche sociale (Cejis), Carlos Romero, explique que « *depuis les années 1960 et 1970, Santa Cruz a bénéficié d'un transfert important de l'excédent minier d'Oruro et de Potosí par le biais du gouvernement central, grâce à des crédits, la construction de complexes agricoles, d'une infrastructure routière, etc.* ». Il soutient que « *plus que marginalisée, Santa Cruz fut privilégiée en raison de la réception de ces excédents qui lui ont permis de s'intégrer au marché exportateur. Ces faits relativisent l'andinocentrisme* » de l'État bolivien, *Página/12*, Buenos Aires, 23 mai 2005.
80. « La crisis del Estado y las sublevaciones indígeno-plebeyas », *in* Álvaro García Linera, Raúl Prada et Luis Tapia, *Memorias de octubre*, La Paz, Comuna-Muela del Diablo, 2004.
81. Autrement dit, il suffit d'un vote favorable au « oui » à l'échelle de Santa Cruz pour valider le régime d'autonomie dans le département, même dans le cas de figure où le refus dudit régime l'emporterait à l'échelle nationale.
82. Pascual Serrano, « El presidente boliviano Evo Morales inaugura el V Encuentro Mundial de Artistas e Intelectuales en Defensa de la Humanidad : *El capitalismo es el peor enemigo de la Humanidad* », consultable en ligne sur http://www.rebelion.org/noticia.php?id=51247.
83. Maristella Svampa et Pablo Stefanoni, « *Evo simboliza el quiebre de un imaginario restringido a la subalternidad de los indígenas*: Entrevista con Álvaro García Linera, vicepresidente de Bolivia », *in* Karin Monasterios, Pablo Stefanoni et Hervé Do Alto (dir.), *Reinventando la nación en Bolivia, Movimientos sociales, Estado y poscolonialidad*, La Paz, Clacso-Plural, 2007.
84. George Gray Molina, « El reto postneoliberal en Bolivia », in *Nueva Sociedad*, 209, 2007.

85. Cette position a été défendue par le gouvernement bolivien lors du IVe Forum mondial de l'eau, qui s'est tenu à Mexico du 16 au 22 mars 2006.
86. Franck Poupeau, *Un goût de poussière. Carnets boliviens (1999-2007)*, Paris, Aux lieux d'être, 2008.
87. Les entretiens réalisés par Franck Poupeau et son équipe de l'Institut Français d'Études Andines (IFEA) montrent que les habitants continuent à évoquer Aguas del Illimani (le nom de la filiale de Suez en Bolivie) au lieu de l'entreprise publique Epsas dont, pour la plupart, ils ne connaissent même pas l'existence.
88. Le sociologue bolivien Carlos Crespo a montré que l'introduction du *« contrôle social »* dans les mécanismes de gestion municipale de l'eau a été contenue par la présence de réseaux clientélistes : Carlos Crespo, « El movimiento social del agua boliviano : de la resistencia a la cooptación », communication au séminaire « Modelos de gestión del agua en ciudades y comunidades de los Andes », organisé par l'Institut Français d'Études Andines (IFEA), La Paz (Bolivie), 5-8 novembre 2007.
89. Pablo Stefanoni, « Bolivia, bajo el signo del nacionalismo indígena. Seis preguntas y seis respuestas sobre el gobierno de Evo Morales », *in* K. Monasterios, P. Stefanoni et H. Do Alto, *op. cit.*, 2007.
90. Caractéristique des politiques sociales conduites sous l'ère néolibérale en Amérique latine, ce type d'action demeure prisé par d'autres gouvernements de gauche dans la région, que ce soit sous la forme de programmes d'urgence comme « Faim zéro » dans le Brésil de Lula da Silva, ou de « missions » comme dans le Venezuela d'Hugo Chávez.
91. G. Gray Molina, *art. cit.*, 2007, et www.ine.gov.bo (site de l'Institut national de la statistique de Bolivie).
92. 49 % pour les hydrocarbures et 19 % pour les produits miniers. Voir Instituto nacional de estadística, *Nota de prensa n° 21*, La Paz, INE, 2007.
93. Créée par le Venezuela et Cuba en 2004, l'Alba a été rejointe depuis par la Bolivie (2006) et le Nicaragua (2007).
94. La Bolivie a officialisé son départ du Cirdi le 2 mai 2007. La décision trouve sa source dans le conflit qui oppose le gouvernement à Telecom Italia, actionnaire majoritaire de l'ancienne compagnie publique de télécommunications Entel. Au cours de l'année 2007, au regard des manquements aux obligations contractuelles qui s'imposaient à Telecom Italia (par exemple, le réinvestissement des bénéfices sur le territoire bolivien), le gouvernement Morales prenait la décision de

nationaliser Entel en contraignant la compagnie italienne à reverser ses actions à l'État bolivien. Saisi par Telecom Italia, le Cirdi s'est jugé compétent sur ce cas le 31 octobre 2007.

95. Raúl Prada Alcoreza, «¿Existe un capitalismo distinto al que conocemos?», in *Bolpress*, www.bolpress.com.

96. Roberto Laserna, «El caudillismo fragmentado», in *Nueva Sociedad*, 209, 2007.

97. Les résultats du scrutin dans ces quatre départements ont été les suivants: 73,8 % en faveur du «non» dans le Beni, 71,1 % à Santa Cruz, 60,8 % à Tarija et 57,7 % dans le Pando.

98. Patrick Champagne, *Faire l'opinion. Le nouveau jeu politique*, Paris, Minuit, 1990.

99. Pablo Stefanoni, «Bolivia, caminos que se bifurcan», in *Le Monde diplomatique*, Cono Sur, 103, 2008; Hervé Do Alto, «La nouvelle Constitution existe», in *Rouge*, Paris, 13 décembre 2007.

100. Conçue afin d'empêcher toute confiscation du pouvoir par un seul individu dans la plupart des pays latino-américains, la limitation des mandats en Bolivie autorise un citoyen ayant déjà assumé un mandat présidentiel à se représenter une seule fois, à condition que ces deux mandats ne soient pas consécutifs. Dans le nouveau texte constitutionnel, un président pourra désormais être candidat à sa propre succession, même si les deux mandats sont consécutifs – si la nouvelle Constitution est approuvée, Morales pourra prétendre à rester dix ans à la tête de l'État. Toute réforme de cette limitation en Amérique latine fait de ceux qui l'entreprennent la cible de critiques contre leur supposé appétit de pouvoir. Pourtant, cette limitation est inexistante dans la quasi-totalité des pays européens, en France notamment…

101. Maurice Lemoine, «De quel côté penchera l'armée bolivienne?», in *Le Monde diplomatique*, 2006. Le 1er décembre 2007, Leopoldo Fernández, préfet du Pando, déclare ainsi: «*Je veux demander aux commandants des forces armées basées dans le Pando qu'ils donnent l'exemple à cet état-major composé de lâches, traîtres à cette patrie, et qu'ils disent depuis le Pando quel est le devoir que doivent accomplir les forces armées aujourd'hui.*»

102. Álvaro García Linera, *Reproletarización. Nueva clase obrera y desarrollo del capital industrial en Bolivia* (1952-1998), La Paz, Muela del Diablo, 1999.

103. Hervé Do Alto, «Un partido campesino-indígena en la ciudad: Liderazgos barriales y facciones en el MAS-IPSP de La Paz (2005-2006)», in *Bolivian Studies Journal*, vol. 13, 2006.

TABLE DES MATIÈRES

DANS LA MÊME COLLECTION

– Pierre Bourdieu, *Sur la télévision,*
suivi de *L'Emprise du journalisme,* 1996

– Serge Halimi, *Les Nouveaux Chiens de garde* (1997),
nouvelle édition actualisée et augmentée, 2005

– Areser (Association de réflexion sur les enseignements supérieurs et la recherche), *Diagnostics et remèdes urgents pour une université en péril,* 1997

– Julien Duval, Christophe Gaubert, Frédéric Lebaron, Dominique Marchetti, Fabienne Pavis,
Le « Décembre » des intellectuels français, 1998

– Pierre Bourdieu, *Contre-feux. Propos pour servir à la résistance contre l'invasion néolibérale,* 1998

– Keith Dixon, *Les Évangélistes du marché,* 1998

– Jacques Bouveresse, *Prodiges et vertiges de l'analogie,* 1999

– Loïc Wacquant, *Les Prisons de la misère,* 1999

– Keith Dixon, *Un digne héritier,* 2000

– Frédéric Lordon, *Fonds de pension, piège à cons ? Mirage de la démocratie actionnariale,* 2000

– Laurent Cordonnier, *Pas de pitié pour les gueux. Sur les théories économiques du chômage,* 2000

– Pierre Bourdieu, *Contre-feux 2. Pour un mouvement social européen,* 2001

– Rick Fantasia et Kim Voss, *Des syndicats domestiqués. Répression patronale et résistance syndicale aux États-Unis,* 2003

– Frédéric Lordon, *Et la vertu sauvera le monde… Après la débâcle financière, le salut par l'« éthique » ?,* 2003

– Christian de Montlibert, *Savoir à vendre. L'enseignement supérieur et la recherche en danger,* 2004

- Pierre Tévanian, *Le Voile médiatique. Un faux débat: «l'affaire du foulard islamique»*, 2005

- Pierre Rimbert, Libération *de Sartre à Rothschild*, 2005

- Éric Hazan, *LQR. La Propagande du quotidien*, 2006

- Bernard Convert, *Les Impasses de la démocratisation scolaire*, 2006

- Tariq Ali, *Quelque chose de pourri au Royaume-Uni. Libéralisme et terrorisme*, 2006

- Marie Bénilde, *On achète bien les cerveaux. La publicité et les médias*, 2007

- Julien Duval, *Le Mythe du «trou de la Sécu»*, 2007

- Raoul Marc Jennar et Laurence Kalafatidès, *L'AGCS. Quand les États abdiquent face aux multinationales*, 2007

Achevé d'imprimer sur rotative
par l'imprimerie Darantiere à Dijon-Quetigny
en mars 2008

Diffusion : Seuil
Dépôt légal : 1er trimestre 2008
N° d'impression : 28-0354

Imprimé en France